中学受験！

合格する子のお父さん　受からない子のお父さん

著

西村則康　高野健一

まんが

おしるこデザインファクトリー

ウェッジ

はじめに

中学受験の本のタイトルに「お父さん」が入っているのは、おそらく本書が初めてではないでしょうか。この本をご自分で手に取ったお父さんは、お子さんの中学受験にとても熱心な方だと思います。

関東と関西の大手進学塾で講師を25年以上務め、その後、独立して関東で中学受験専門の家庭教師会「名門指導会」を始めてから約20年。長年、中学受験に携わっていた私が近年感じるのは、中学受験に積極的なお父さんが増えてきたことです。私が家庭教師を始めた頃は、ご家庭を訪れてもお父さんにお会いすることはほとんどありませんでした。それが5年ほど前から、少しずつお父さんの参加が見られるようになってきたのです。

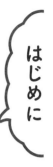

お父さんが子どもの中学受験に関心を持つことはとてもいいことだと思います。しかし、どういうわけかお父さんが関わると、わが子を思って熱心に受験サポートをしているのに、空回りしていることが多いのです。特に最近は新型コロナウイルスの影響でリモートワークになったお父さんが増え、その傾向に拍車がかかっているように感じています。

ひとくちに「受験」といっても、中学受験、高校受験、大学受験でその中身はまったく異なります。多くのお父さんにとって、一番記憶に残っているのは、自身の力で頑張った大学受験ではないでしょうか。しかし、中学受験には、中学受験ならではの進め方があります。それを知らずに、自己流で受験サポートをすると、お子さんの成績が伸び悩むだけでなく、親子関係もギクシャクしてしまう恐れがあります。わが子のために良かれと思って始めた中学受験で、親子関係が悪くなってしまうのは悲しいこと。私自身、二人の子どもの父親でしたから、同じ仲間であるお父さんを応援したい。そんな思いでまとめたのがこの本です。

本書は中学受験を考え始める小学3年生から、入試に挑む6年生までの4年間を中心に、勉強の進め方や親の関わりについてアドバイスをしています。マンガで一つの家族の中学受験の物語を紹介しながら、中学受験については何も知らないというお父さんから、すでにお子さんの受験サポートにどっぷり関わっているお父さんまで、どなたにでも参考になる内容を心掛けました。まだ中学受験は先の話という幼児、低学年の親御さんにも役立つコラムもあります。

お父さん自らが中学受験本を探す、手にするというのはなかなかないかもしれません。そこでまずはお母さんに見つけてもらい、お母さんに読んでいただきたいと思いました。なにも知らないお父さんには「そうそう、こういうことを知って欲しいのよ!」、熱心過ぎるお父さんには「ちょっと直接は言いにくいから、この本にある実例を読んで気づいてもらえないかしら」などいろいろ思うことがあると思います。

お母さんからお父さんへ。直接渡すのはためらうというのなら、リビングにさりげなく置いてみてください。この本が多くのお父さんに手に渡ることを願っています。

中学受験！もくじ

合格する子のお父さん・受からない子のお父さん

第2章

中学受験における、お父さんのほんとうの役割とは？

4年生

9	理科や社会は「覚える」だけの教科なので、 暗記力が勝負だ。	□Yes／□No
10	子どもがどのように学習するかは、 自主性に任せている。	□Yes／□No
11	仕事では面倒見のいい方だ。 出来の悪い部下や後輩は徹底的に指導する。	□Yes／□No
12	近年の私立中学の入試問題を 本気で解いたことがある。	□Yes／□No
13	子どもが好きなゲームや マンガのタイトルを知っている。	□Yes／□No
14	妻がイライラしているときは、 自分が代わりに子どもに話をする。	□Yes／□No
15	ワーキング・プアは結局、 本人の努力不足の結果だ。	□Yes／□No
16	自分がやってうまくいった勉強法を、 子どもに伝授している。	□Yes／□No

［診断結果］は10ページにあります

お父さんチェックリスト

(YesまたはNoでお答えください)

1	子どもと話をしていて、なぜこんなことが 分からないのかとイラッとすることが多い。	□Yes／□No
2	子どもの成績が伸びないのは、 妻に理由があるのではないかと思っている。	□Yes／□No
3	偏差値が50以下の私立中学には、 子どもが行きたがっても行かせたくない。	□Yes／□No
4	自分の子どもの頃の失敗談を 子どもに話したことがある。	□Yes／□No
5	子どもの学習計画は、エクセルなどの 表計算ソフトを使って管理すると良い。	□Yes／□No
6	算数を得意教科にするには、 先取りで数学を教えることが有効だ。	□Yes／□No
7	つねに、妻にねぎらいや 感謝の言葉をかけている。	□Yes／□No
8	塾から出された宿題でも、 全部はやらなくていい場合がある。	□Yes／□No

[登場人物紹介]

三橋家

お父さん

三橋 勝（ミハシ スグル）

44歳

地方出身で中学受験は未経験。大学受験を努力で乗り切り上京。大手企業に就職するが学歴コンプレックスを抱えている。最初は息子の受験に乗り気ではなかったが、途中から自己を投影して厳しくしてしまう。

お母さん

三橋 裕子（ミハシ ユウコ）

39歳

ママ友から中学受験のことを聞き、息子にすすめる。自身は最近、復職した。中学受験の情報を集めて積極的に動く一方で、勉強に関しては見守る姿勢を取る。少し心配性だけどいつもやさしい。

息子

三橋 翔太（ミハシ ショウタ）

9歳

地元のサッカークラブに所属する元気な小学3年生。最初は勉強が嫌いで母に受験を勧められても興味がなかったが、近くにある私立中がサッカーの名門校ということもあり受験に興味を示す。

[診断結果]

（1,2,3,5,6,9,10,11,15,16のYesの数）+（4,7,8,12,13,14のNoの数）が10個以上のお父さんは要注意。
子どもの学習意欲を削いでいるかもしれません。

第1章

とくに、お父さんへ

あの頃とは全く違う中学受験の最新動向

とある夜――
おいおい
どうしたんだ
急に改まって
言いたいことが
あるなら
早く言ってくれ
……

翔太に中学受験させようと思うの
じゅ受験!?
そのため春から塾に入れて勉強させていきたいのよ
あいつまだ3年生だぞ?
それに塾なんて……どうしたんだ急に?
実は…

ママ友から受験の話をされて…
その子は受験するんだって
だからってうちも受験しようなんて考えなくてもいいだろ
それに今は受験よりもっと大事なことがあるだろ?
サッカークラブにも入ってがんばってるし
私もそう思ったんだけど同じクラスのお友達も受験するみたいで…
それに……
それに?

地元の公立は荒れてるっていう噂も聞いて少し不安にもなって
私立の○○中を調べてみたら評判もいいしサッカーも結構強かったのよ
うーん
でも翔太に受験なんてできるかな…
安心して
そこは私も心配だったんだけど
翔太にも聞いたらここの学校気に入ったみたいで行きたいって
ボク 勉強頑張るよ！
って張り切ってるし受験させてもいいかなって…

うーん
う〜〜ん
でもやっぱり中学で受験は早いんじゃないか？
高校から受験させればいいだろう
それがね……
コトッ
そうもいかないらしいの

調査表
最近では高校入試を実施しない私立高も増えてるし
公立の進学校は必要な内申点も高くて中学受験より厳しいらしいのよ
ゴゴゴゴ
ひえ〜
ゴゴゴ
……
もっと気楽にいこーよ!
でも中学の受験なんて学校の勉強で十分だろ
塾なんて行かせなくてもいいんじゃ…
あははっ
甘いっ!!
ダンッ

最近の中学受験は相当レベルが高いのよ
ゴゴゴゴ
ゴ
私達の世代とはぜんぜん違うの！
…はい
ウォーーン
まぁ翔太も頑張るって言ってるみたいだし
やらせてみてもいいかもな
ゴキュリ。。。

キュピ
ピーン
ありがとう
ほっ
よかったー
いつものママに
戻って…
でも
翔太だけが頑張る
だけじゃダメ
だからね
ブボッ

私も翔太の
サポートを頑張るけど
父親であるあなたの
協力も必要なのよ
はい……
わかってる？
ガッ
一緒に
頑張り
ましょうね？
ギュッ
ママ
手痛い……

ん……
……うん
できる限り頑張る…よ
キャー
パパありがとー!
アハハ…
波乱の受験生活が始まる——

驚くほど変わった中学受験と受験塾

今の中学受験ではこんな問題が出る！

さっそくですが、1ページめくって24〜25ページをご覧ください。これは、東京都渋谷区にある渋谷教育学園渋谷中の2020年度の算数入試の一部（大問3）です。ご覧になって、どのような感想をお持ちになったでしょうか。

「えっ？　これを小学生が解くの？」

「文章がやたらと長いなぁ〜。しかも、なんで会話文なのだろう？」

「これってどのくらいのスピードで解けばいいの？」

など、いろいろな声が聞こえてきそうです。

渋谷教育学園渋谷中は、偏差値66〜70（四谷大塚80偏差値・男子66〜67／女子69〜70）の中学受験の難関校です。〝渋渋《しぶしぶ》〟という愛称で呼ばれています。「渋渋？　そんな学校聞いたことないなぁ〜」というお父さんもいるかもしれませんね。

渋渋は1996年に設立された比較的新しい学校で、前身は渋谷女子高等学校です。お父さんからすれば「あのギャル校で有名な渋女?」と、そちらのイメージの方が強いかもしれませんが、改組で学校運営が大きく変わり、もはや別の学校だと認識しておいた方がいいでしょう。今はグローバル教育に力を入れている中学受験の人気校の一つです。

そんな渋渋の算数入試は、思考型の問題が多いことで知られています。こちらにあげた問題は、ひと言でいうと「大きな場合分けをしてくれる誘導がついた、調べ上げの問題」です。会話文を通して大きな場合分けを行ってくれるものの、それでもすべてをもれなく数え上げるためには自分なりのルールを設定する必要があり、調べ上げの経験・工夫をいかに磨き上げてきたかが勝敗の分かれ目となる問題でした。

詳しい解説は66ページにありますので、ぜひお父さんも解いてみてください。やってみると分かると思いますが、意外と時間がかかります。渋渋の算数入試はこの問題を含めて大問が全部で四つあります。それを制限時間50分で解かなければならないのですから、中学受験の入試問題が、いかにレベルが高いか実感することでしょう。

では、なぜ小学生にこのような問題を解かせるのでしょうか?

私立中学には各学校にそれぞれ建学の精神や教育の柱があります。たとえば渋渋なら、「自調自考に力を伸ばす」「国際人としての資質を養う」「高い倫理観を育てる」という三つ

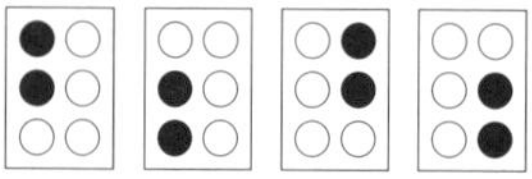

<キ>　<ク>　<ケ>　<コ>

渋男「分かった。ということは，下の図の<サ>，<シ>も，マスの中に6つの点のうち3点が●で，3点の位置関係が同じだから，同じ文字を表すことになるね。でも<ス>は別の文字を表すんだね。」

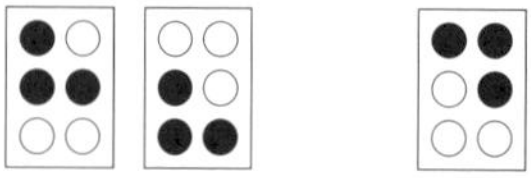

<サ>　<シ>　<ス>

教子「そういうこと。これ以降は，<サ>と<シ>のように，●の数が同じでその位置関係も同じものは同じ文字として扱うとしましょう。では，まず数字から考えてみよう。数字を点字で表すときは，1マスの6点のうち，A～Dの点だけが使われるんだけど，この4点だけを使うと，1マスで何通りの文字が表せるのかしら。」

渋男「これは地道に数えていくしかないのかな。4点のうちの1点が●のときは1通り，4点のうちの2点が●のときは〔い〕通り，4点のうちの3点が●のときは〔う〕通り，4点のうちの4点が●のときは1通りで，全部で〔え〕通りだ！」

教子「そうだね。これだけあれば，0～9の全ての数字を1マスで表せることになるね。じゃあ，次にひらがなのことも考えてみよう。ひらがなを点字で表すときはA～Fの6点すべてが使われるのだけど，数字で考えたものも含めて何通りあるか，同じように考えてみましょう。」

渋男「少し大変になるね。6点のうちの1点が●のときは1通り，6点のうちの2点が●のときは〔お〕通り，6点のうちの3点が●のときは〔か〕通り，6点のうちの4点が●のときは〔き〕通り，6点のうちの5点が●のときは〔く〕通り，6点のうちの6点が●のときは1通りで，全部で〔け〕通りだ！」

教子「がんばったね。」

渋男「でもこれだと，数字と重複するものもあるし，ひらがなを全種類表すことができないんじゃないかな。」

教子「鋭いところに気付いたね。実際には，数字が始まる前には『数字が始まる』という意味の点字が入るし，『ん』の文字は1文字目に来ることがないから，他の文字と同じだったりして，上手く作られているらしいわ。」

渋男「そうなんだ！それはおもしろいね。点字も奥が深そうだね。」

渋谷教育学園渋谷中2020年度【算数】大問3

視覚障がい者が，指先の触覚により文字や文章を読み取れるように，６点式点字が用いられています。６点式点字では，下の図のようにマス内のA～Fの６点について，突起（以下●と表す）と平面（以下○と表す）を組み合わせることで１つの文字を表します。

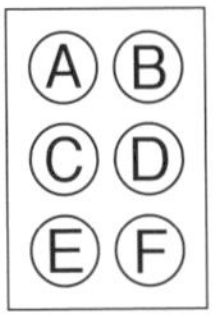

渋男さんと教子さんが，駅の自動販売機の前で点字について会話をしています。次の会話文を読み，〔あ〕～〔け〕にあてはまる数を答えなさい。

渋男「運賃表にある，このボコボコしてるの，何だろう？」
教子「これはね，点字といって，目の不自由な人が指先の触覚で文字が読み取れるようにしているんだよ。私ね，点字のことは勉強したことがあるんだ。」
渋男「そうなんだ。僕は初めて知ったよ。よく見てみると，縦に３つ，横に２つの６つの点で１セットになっているみたいだね。」
教子「そうなの。日本で使われている点字は『６点式点字』といって，上の図のようにマス内のA～Fの６点について，●と○を組み合わせることで１つの文字を表しているんだよ。」
渋男「なるほど。６点全部が○のときは文字にならないから除くとして，全部で〔あ〕通りを表せるよね。」
教子「その通り。でも，目の不自由な人がその全てを区別できるかしら。まずは，●が１点のときから考えてみましょう。さっきの〔あ〕通りは，下の図の＜ア＞～＜カ＞はそれぞれ異なる文字を表すこととして考えたよね。」

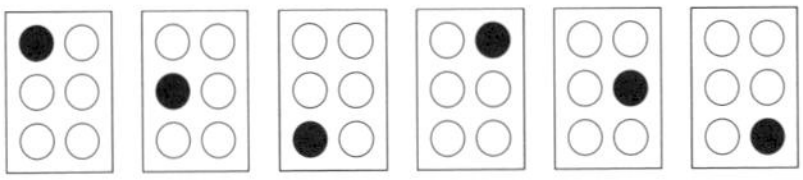

＜ア＞　＜イ＞　＜ウ＞　＜エ＞　＜オ＞　＜カ＞

渋男「そうだね。」
教子「でも，上の図の＜ア＞～＜カ＞はいずれもマスの中に●が１点なので区別が難しいから，実際はどれも同じ文字を表すことになるの。同じように次の図の＜キ＞～＜コ＞は，マスの中に●が２つあって，その２点の位置関係が同じだから，４つとも同じ文字を表すの。」

の教育の柱があります。「自調自考」とは自らの手で調べ、自らの頭で考えることです。先行きが見えない予測不可能な社会で生きていくには、自分で課題を見つけ、それについて調べ、考え、正しいかどうかを判断する力が不可欠であり、同校ではそれを育成する教育を行っているとウェブサイトにも書いてあります。

しかし、入学の段階でまったくその素質がない子が入ってしまうと、一から指導をしなくてはならず、全体の足並みを揃えることができません。そこで、入試の段階でその素質があるかどうかを見極めているのです。

くじけそうになるくらい長い文章を読み、そこからヒントを得て、自分の知識を引き出し、自らの手を動かして書き出しながら、粘り強く考え、答えを見つける。まさに、学校が求めている素質を見極めるのに適した問題です。このように**入試問題には、学校からのメッセージが込められている**のです。

小学校の勉強と中学受験の勉強はこんなに違う

それにしたって、小学生が解くにはあまりにも難しくないだろうか？　と思ったお父さんもいるかと思います。確かに、**近年の中学入試はとても難しく、小学校の勉強だけでは**

とても太刀打ちできません。そのため、小学4年生（塾のスタートは小学3年生の2月）から、中学受験の勉強を専門に教えてくれる塾に通い、入試本番まで3年間かけて準備をするのが一般的です。

同じ受験でも高校受験や大学受験は、目指す学校によってレベルの差はあるものの、学校の学習の延長線上に入試があるため、学校の勉強と入試問題の内容がかけ離れることはありません。ですから、学校で学ぶ内容を地道にコツコツと勉強していれば、塾を使わなくても合格する子もいます。

表1　中学受験に対応する大手塾の一例（順不同）

名称	地域	特徴
SAPIX（サピックス）	首都圏・関西圏	高い難関校進学実績。親のサポートが必須
早稲田アカデミー	首都圏	反復学習に力を入れている「体育会系」
四谷大塚	全国展開（直営は首都圏）	直営校、通信、準拠校などさまざまな形態がある
日能研	全国展開	日本最大の受験塾。間口が広い。中堅校に強い
浜学園	関西圏・首都圏	関西の老舗。灘中などの難関校への進学実績は抜群
希（のぞみ）学園	関西圏・首都圏	面倒見の良さがウリ。拘束時間が長く、学習量も多い
馬渕教室	関西圏	「わかるまで帰さない」がモットー。親の負担少なめ
能開センター	関西圏	徹底した反復演習が特徴。じっくり学びたい子向け

ところが、中学受験に限っては、出題範囲が「小学生が習うべき学習範囲の内容」と決められているにもかかわらず、その内容が大きくかけ離れているため、小学校の勉強だけではとても入試に対応できません。

小学校で習う内容を基盤としながらも、そこからはるかにかけ離れたレベルまでの想像力や組み立てる力が要求されます。**今ある知識を総動員して「12歳の頭でどこまで考えられますか?」と問うているのです**。中学入試の問題を見て「小学生がよくこんな問題を解けるなぁ～」と驚く大人は多いのですが、その根本を探っていくと、必ず小学校の勉強に行き着きます。ですから、小学校で学ぶ勉強はとても大事です。

でも、それだけでは中学受験には対応できないので、中学受験をするのなら、中学受験に特化した塾を利用することをおすすめします。

中学受験の入試は、国語・算数・理科・社会の4科入試が基本です(関西では社会がない3科入試の学校もあります)。なかでも難しいといわれるのが算数です。算数の問題には、小学校で学ぶ算数の発想とは異なる「中学受験の算数」が必要になるからです。

中学受験では、難関校といわれる学校ほど算数入試が難しくなります。とはいえ、中堅校といわれる学校の入試でさえ、小学校の教科書の発展問題に該当する問題が出題されるのは5％程度。残りの95％はそれを完全に超えています。東大理Ⅰに合格した学生を集めて、中学受験の最難関である開成中の算数入試を解かせてみたところ、中学受験を経験していない学生は30点台しか取れなかったそうです。近年の中学受験では、そのくらい考える力が必要な問題が出題されているのです。

では、なぜそのような問題を出題するのでしょうか？　それは、どの学校もひと言でいえば、「柔軟な頭の使い方」ができる子に来てほしいと思っているからです。

社会で求められているのは柔軟な頭の人

多くの企業の就職試験に採用しているSPIはご存じでしょうか？

SPIは「性格検査」「基礎能力検査（言語分野／非言語分野）」「英語検査」「構造的把握力検査」の四つから構成されていますが、「基礎能力検査」の非言語分野の問題の多くが、中学受験算数でよく見られる問題です。中学受験をしていない人は、自分が知っている数学的な手法を使って解こうとしますが、なかなか答えを出すことができません。でも、算数的な手法で解けば、数秒で解けてしまう問題がたくさんあります。

以前、私はある企業から社員教育に使う、頭を柔軟に使えるようになる算数の問題を作成してほしいという依頼を受けたことがありました。企業の社員教育に、なぜ中学受験の算数の問題が有効なのかというと、受験算数は「今分かっていることから、次に何が分かるか」「その答えを出すためには、その一つ手前で何ができていなければいけないのか」ということを考えながら解いていくものだからです。

それは、**普段社会人が何かの目的のために何かをやらなければいけない場合に使う思考方法と同じ**だと思いませんか。世の中ではこういう思考ができる人を「柔軟な頭の人」といい、まさに今こういう人が社会で求められているのです。

一方、数学に使う方程式というものは、元々ある形に当てはめていく思考です。でも、それだけでは現実の社会では使えないことが多いのです。

誤解しないでいただきたいのですが、私は算数が数学に勝るといいたいわけではありません。ただ、中学受験の算数は中学入試にしか使えない特殊なもので、その後の大学受験には活かされないし、役立たないものと思われがちですが、実は私たちが生きていく上で必要な思考方法であることを知っていただきたいのです。

そうすれば、お子さんが解いている問題を見ながら、「なるほど、こういう解き方があるんだな」「へぇ～、算数っておもしろいな」と新たな学びを楽しめることでしょう。中学受験でお子さんの勉強をサポートしているうちに、算数のおもしろさにハマってしまうお父さんは案外多いのです。

受験経験者は要注意！「塾なんて行かなくても」はありえない

難関校の算数入試を代表に、中学入試では深い思考力を求める問題が多く出題されます。それは裏を返せば、出題する学校側が、物事を柔軟に考えることができる子に来てほしいという思いがあるからです。その考えは昔も今も変わりません。

ところが、大手進学塾はその年の入試が終わるとすぐに問題を分析し、解くための知識やテクニックを開発して、翌年のテキストやプリントに載せ、子どもたちに教えます。すると、学校側はまた別の切り口の問題を翌年の入試で出題します。テクニックだけで解くような子は求めていないからです。

しかし、大手進学塾は新しい問題が登場したらそれを解くテクニックを教え、合格させるのが塾の使命だと信じています。こうして両者のいたちごっこが続き、塾のテキストは年々分厚くなっていきました。その結果、受験生が勉強すべき「量」が膨大になってしまったのです。

この本を今読んでいるお父さんの中には、中学受験を経験している方もいらっしゃるでしょう。なかには「塾に行かずに通信教育だけで合格した」「6年生の1年間だけ塾に通い、難関校に受かった」という方もいるかもしれません。

しかし、親御さんの世代の中学受験と、今の中学受験とでは大きな違いがあります。

まず「質」です。**お父さんたちが小学生だった30年前の超難問は、今の標準問題です**。たとえば、30年前も開成中は中学受験の難関校でしたが、当時出題された算数と同じような問題が、今は偏差値40～50の学校でも出題されています。それほど入試問題が難化しているのです。そして、先ほどお伝えしたように、勉強すべき「量」も増えています。

お父さんたちが中学受験をした頃は、四谷大塚が難関校合格に一番近い塾として人気があったと思います。**四谷大塚といえば『予習シリーズ』のテキストで有名です**。当時、塾生全員が参加する「日曜教室」といわれる模試がありました。そのために各自が予習できる『予習シリーズ』があり、次のテストを受けるための勉強をする場として、平日に「予習教室」がありました。なかには平日塾に通わず、日曜日の模試だけを受けて中学受験に臨む子もいました。そのくらい塾に頼らずに受験ができた時代だったのです。

ところが、30年ほど前に『予習シリーズ』の内容が、カラー刷りに変わったのと同時に、大きく難化します。その後も改訂をくり返し、そのたびに難しくなっていきました。前回の改訂でさらに難度が上がり、もはや「予習」という言葉が合わなくなっています。
一方、1989年に、当時、難関校に多数の合格実績を出していた中規模進学塾TAPの主要講師が中心となって、新たな進学塾としてSAPIX（サピックス）を設立します。サピックスといえば、今や御三家をはじめとする難関中学の合格実績ナンバーワンを不動のものにしている人気中学受験塾です。

サピックスは復習を主体とする塾です。四谷大塚は家庭での予習が前提となって授業が進められていきますが、サピックスでは予習は不要で、授業で初めて習うことを家で復習して定着させる学習スタイルをとっています。サピックスのカリキュラムは、良くも悪くも「ムダ」が少なく、「くり返し学習」が少ないのが特徴です。しかし、1回1回の授業を理解し、家庭でしっかり復習と演習をして、テストで定着を図るという学習サイクルがうまく回ればいいのですが、授業のスピードが速く、その上、内容がとても難しいため、多くの子どもは授業で理解できないまま、塾から課せられた大量の宿題に追われることになります。

このように、今の時代の中学受験は、塾で扱う内容も量もスピードもお父さんたちが中学受験をしていた頃とは大きく違っているのです。**勉強すべき範囲は、お父さんの時代の2倍はあるでしょう**。しかも、内容が難化しています。

中学受験塾に通うようになったらこんな生活に

以前、受験が終わったご家庭に、4年生~6年生までのサピックスのテキストやプリント類を送ってもらえないかとお願いをしたら、その数日後に大きな段ボールが10箱以上届きました。それなりの量はあるだろうと思ってはいたのですが、まさかこんなにあるとは！事務所は足の踏み場もなし。このテキストやプリントの量は、サピックス以外の塾でもあまり変わりません。

中学受験をするとなると、最初に検討するのが大手進学塾かと思います。大手進学塾には受験に必要な学習カリキュラムが用意されているからです。4年生ではここまでの範囲を勉強して、5年生ではここまでの範囲とこれまでの応用問題を勉強するといったように、3年間の学習カリキュラムが確立されています。平日の塾の勉強、夏休みなどの長期休みの勉強、6年生を対象にした志望校対策の勉強など、いつ何を勉強するかという学習スケジュールが組み込まれていて、それに沿って学習を進めていけば、とりあえずモレがなく受験勉強ができるようになっているのです。

また、大手進学塾は中学受験のためのテキストやテストの作成もしているため、常に最新の入試動向を把握しています。そして、その対策もしっかり行います。

こういうと、**「大手進学塾に入れておけば安心」と思ってしまう親御さんは少なくありませんが、それは大手進学塾の学習カリキュラムをラクラクこなせるような、もともと優秀な子に限った話**。多くの子どもは、塾の授業のスピードと扱う内容の難しさについていけず、きちんと理解できないまま大量の宿題とともに帰宅します。そのフォロー（学習内容の取捨選択やスケジューリング）は家庭でやらなければいけません。「塾にお任せ」というわけにはいかないのです。

4年生のうちは通塾も週2、3日で、比較的時間に余裕があります。授業の内容も基礎学習のため、そこまで親子に負担はかかりません。ところが5年生になると通塾回数も増え、授業の内容も応用問題へと変わっていきます。さらに、入試に必要なほとんどの分野を5年生で終わらせるため、毎回の授業がスピーディーに進められていきます。すると、急に勉強が難しく感じるようになります。成績が伸び悩むのもこの頃からです。

6年生になると、さらにハードになります。平日の塾に加え、秋からは志望校特訓が始まり、土日も塾に通うことになります。授業はほとんどが演習です。塾の宿題に加え、模試対策や志望校の過去問にも取り組まなければならず、学校以外の時間はほとんど受験勉強をしなければいけない状態になります。

学習量でいえば、5年生は4年生の1・5倍、6年生は5年生のさらに1・5倍というように、学年が上がるごとに一気に増えていきます。各学年の勉強の進め方については、あとの章で詳しく説明していきますが、ここでは中学受験をするとなると、これまでの生活とは大きく変わるということを知っておいていただければと思います。

地元の中小塾に通うなら

ここまで、中学受験をするのなら、大手進学塾に通うのが一般的であること、大手進学塾に通うと、学年が上がるにつれて学習量が増えハードになることをお伝えしてきました。

「でも、うちは難関校を狙っているわけではないし、地元の私立に行かせたいと思っている」「習いごとも続けさせたいし、そこまでハードな中学受験はさせたくない」というご家庭もあるでしょう。そんなご家庭が目を向けるのが、地元の中小塾です。

各地域には、地元の私立中高一貫校の受験指導に強い中小塾があります。一般的に小規模な塾は講師数が少なく、4年生から6年生までの3年間、同じ講師に同じ教科を教えてもらうことができるほど、生徒と信頼関係を築きやすい環境があります。なかには一人の講師が（この場合、塾長が多い）、すべての教科を教えることもあります。

大手進学塾の場合、月ごとにテストがあり、その成績によってクラスや席順が決まります。そのため、クラスが変わるたびに講師がころころと変わります。なかには生徒の名前すら覚えない講師もいます。覚えたところで、すぐにクラス替えがあるからです。「難関校に入れるため」「大手塾とはそういうところ」と割り切ればいいのですが、**小学生の子どもはまだ幼いため、講師との密なコミュニケーションがとれる環境の方が心は安定します。**講師の教え方がうまくて、さらに子どもとの相性が良ければ、予想以上に学力がグングン上がるでしょう。そういう子は、小規模な塾の方が向いているかもしれません。

ただし、中小塾にもデメリットはあります。それは**大手進学塾ほどの中学受験のカリキュラムが整っていない**ことです。また、地元の私立中高一貫校には強いけれど、それ以外のエリアの学校の対策には弱いといった点です。家の近くに行きたい学校があればいいのですが、そうでない場合は、さまざまな学校の情報を持ち、受験対策をしてくれる大手進学塾の方が選択肢を広げることができるでしょう。

個別指導塾や家庭教師は目的に合わせて選択する

手厚い指導が受けられるという点で、個別指導塾はどうなのだろう？　と考えるお父さんもいるかもしれませんが、私は中学受験に関しては個別指導塾だけで進めていくのは極めて難しいと感じています。

というのも、個別指導塾は生徒を個別に指導する講師数が必要なため、大学生のアルバイト講師を雇っている塾が多いからです。優秀な学生がついた場合、各単元の勉強であれば対応は可能です。特に講師自身が中学受験経験者なら、中学受験に必要なテクニックを教えることもできます。

しかし、テストや入試の対策となると、子どものタイプによるミスの傾向を分析する力が必要になるので、学生講師には難しいでしょう。また、勉強嫌いな子や学習の取り組みができていない子に対する指導、すなわち〝人間力〟が必要な指導は、長年多くの子どもを見てきたベテラン講師の方が適任かと思います。

では、どういうときに利用するのかといえば、**集団塾で受験指導を受けながら、塾の指導だけでは理解不足の単元をフォローしてもらう**というのがいいと思います。

ただし、それには条件があります。必ず集団塾で使っているテキストを中心に学習を進めてもらうことです。個別指導塾によっては「単元理解のため」という名目で、集団塾のテキストを無視して、講師が扱いやすい教材で教えようとすることがあります。集団塾で軌道に乗るために個別指導塾を併用するのですから、それは論外です。

手前味噌になりますが、**お子さんの成績を確実に上げていきたいのであれば、私たちのような中学受験に精通したプロの家庭教師を利用することをおすすめします**。とはいえ、個別指導塾同様に、家庭教師だけで中学受験の勉強を進めていくのは現実的ではないので、「集団塾＋家庭教師」となります。つまり、それだけ出費も大きいというわけです。であれば、確実に成績を上げてくれる家庭教師に出会わなければなりません。

良い家庭教師はこんなことまでできる

良い家庭教師には次の三つの能力が備わっています。

1. 苦手教科の補強
2. 勉強のやり方の見直しと修正
3. 子どものモチベーションアップと親子関係の改善

中学受験で家庭教師をつける場合、塾の勉強のフォローが中心になります。フォローというと、知識が不足しているところを補うだけと思うかもしれません。であれば、大学生の家庭教師バイトでもできなくはありません。しかし、より確実に成績を上げていくには、お子さんがどこまで理解していて、どこから理解が難しく感じるのか、現状を見極める必要があります。

良い家庭教師は、お子さんの今現在の学力を判断するのに、過去のテストや模試の答案、ノートを見ながら、つまずきの原因や間違えのクセを探り、そこを補ったり、対策を考えたりします。間違えた問題の解説をするだけだったり、その単元を教えるだけだったりする先生は、プロの家庭教師とはいえないでしょう。

また、**良い家庭教師は正しい勉強のやり方を教えることができます**。今の時代の中学受験の大変さはすでにお伝えしていますが、大手進学塾のカリキュラムというのは、難関校を目指す優秀な子を基準に設定されているため、かなり難しい内容になっています。そのため、そこまでの難関校を目指しているわけではないという子にとっては、やらなくてもいいものも多く含まれています。それを知らずにすべてをやろうとすると、宿題を早く終わらせることが目的になり「アタフタ学習」になってしまいます。子どもの学力や志望校に応じて、今やるべきこと、やらなくてもいいことを選択してあげることも家庭教師の大事な役割です。ただし、それには各学校の入試傾向を熟知しているベテランの家庭教師でなければ難しいでしょう。

塾と違って家庭教師は、受験生の家庭を訪問します。私は**良い家庭教師をつける最大のメリットは、親子間の関係を改善できる点だと自負しています**。中学受験は子どもがまだ幼いため、親のサポートが不可欠です。しかし、親御さんだって初めての経験。何をどうしていいのか分からず不安に感じることもあるでしょう。わが子のために良かれと思って始めた中学受験なのに、なかなか成績が上がらない子どもにプレッシャーを与えたり、きつい言葉を投げたりして、親子関係が悪くなってしまうこともあると思います。

実は子どもの成績低迷の理由の一つに、親子関係のギクシャクがあります。**子どもは「楽しい！」と気持ちや心の安定がなければ、頑張ろうという意欲がわかないものです**。親御さんが勉強のことになると厳しくなったり、怖い顔になったりすると、子どもは「勉強は嫌なもの」と感じるようになります。そうならないためには、お父さん、お母さんの笑顔が不可欠です。そうはいっても、つい感情的になり、要らぬことをいってしまうのが親子というもの。そんな家庭のギクシャクにいち早く気づき、風通しを良くしてあげることこそ、家庭内に入り込める家庭教師しかできない役割だと思っています。

本書では、私が実際に指導にあたったご家庭を例に、中学受験における親子の関わり方を紹介していきます。子ども一人ひとりに個性があるように、いろいろなご家庭が登場します。共感できる部分もあれば、「それは特殊な例では？」と思うものもあるかもしれませんが、ぜひ参考にしてみてください。

受験には、両親も覚悟が必要

そこまでやらせる意味はある？　中学受験に疑問を抱いたら

さて、ここまで読んでいただき、今の中学受験にどんな印象を持ちましたか？

「小学生の子どもにそこまでやらせる意味があるのだろうか？」

「子どもはやっぱり遊ぶのが一番！」

「別に高校受験でもいいのではないか？」

確かに今の時代の中学受験は、小学生の子どもには大きな負担になっています。それは、塾から与えられた課題をすべてやろうとするからです。**大手進学塾の学習カリキュラムは、中学受験に必要とされる学習範囲をモレなく勉強しますが、実はムダも多い**のです。それらの学習カリキュラムは、難関校を目指す成績優秀な子のレベルに合わせて作られており、みんなが理解できるものではありません。御三家のような難関校を目指す子なら、なんとかして食らいついていかなければなりませんが、そうではない子にとっては、やれないものや、やらなくていいものも多いのです。

中学受験の目標は、志望校に合格することです。ところが、大手進学塾に通うようになると、テストのたびに成績順でクラスが変わり、競争心を煽られます。すると、いつの間にか塾で上のクラスに上がることだけが目標になってしまい、塾にいわれるままにがむしゃらに勉強してしまうのです。

しかし、そういう勉強の仕方をしてしまうと、塾から出される大量の宿題を終わらせることが目的になってしまいます。なんとか終わらせなければ！　と焦るばかりに「アタフタ学習」になってしまい、たくさん勉強をしているわりにはミスが多く、なかなか結果につながりません。むしろ、頑張れば頑張るほど成績が落ちてしまう……。そうなってしまうと、中学受験の勉強は子どもにとってしんどいものでしかありません。

でも、正しい勉強のやり方で進めていけば、それほど負担にはなりません。水泳でもそうですが、正しい泳ぎ方を知っていると、体に負担がかからず、スイスイと気持ちよく泳げるものです。練習をくり返していくうちに、もっと速く、もっと長い距離を泳げるようになり、それが大きな自信になります。

では、正しい受験勉強とは？

私は、小学生の子どもの勉強には次の三つが欠かせないと思っています。

1. 常に気持ちに余裕があること
2. 新しいことを知り、理由が分かることに楽しさを感じていること
3. 自分が考えて正しいと思った答えが、やっぱり正しかったという成功体験を重ねていること

今の中学受験の問題点は、塾から教えられたテクニックを使って、とにかくたくさんの問題を解くことで、分かったつもりになっている子どもが多いことです。理由が分からない知識やテクニックで正解を出せたとしても、それは本当に理解できているとはいえません。本人が納得できていない勉強は、ちっとも楽しくないし、そこから生み出されるものもありません。勉強とは「なぜそうなるのだろう？」「だったら、これはどのように使える

のだろう?」という疑問のくり返しで、それが分かったときに得られる快感が、さらに学びたいという気持ちを育んでいきます。

具体的な勉強のやり方については、後の章でも触れていきますが、中学受験は大変そう(だから、できるならやらせたくない)と感じているお父さんは、ただ漠然とマイナスイメージを持つのではなく、なぜ大変になっているのかその原因についても考えていただきたいと思います。

首都圏で中学受験熱が高まっている理由

近年、首都圏の中学受験者数は増加傾向にあります。首都圏の多くの私立学校が入試を行う2月1日の受験者数は、2020年度は前年度より約1300人増加し、4万人を超えました。2月1日入試では、受験者数は募集定員を上回り、難関校だけでなく中堅校でも厳しい戦いになりました。

では、なぜ今、首都圏では中学受験熱が高まっているのでしょうか?

理由はいろいろあると思いますが、ひと言でいえば**「先々の不安を回避するため」のように感じます。親御さんの不安は主に次の三つです**。

一つは「公立中学に対する不安」です。

「○○中はいじめがあって、不登校の子も多いらしい」「公立中学は部活に全員入らなければいけないらしく、上下関係が厳しいらしい」など、地元の中学校の悪い噂を聞くと、「中学受験をさせた方がいいのではないか？」と考える家庭は少なくありません。お父さんの時代も、「地元の中学が荒れている」「怖い先輩がいる」といった理由で、中学受験を選択する家庭はありました。ただ、今よりもずっとその数は少なかったと思います。

今の時代は、小学校のクラスの7割以上が中学受験をするというエリアもあります。そうなると、「うちは公立中でいい」と思っていても、「まわりの友達がみんな受験をするから自分もしたい」と子どもからいい出すことがあります。実は今、この「みんなが受験をするから」という理由で、受験をする家庭がとても多いのです。

二つめは「高校受験に対する不安」です。

高校受験を回避したがる親御さんが気にするのは、内申書の存在です。内申書とは、生徒一人ひとりの成績や学校生活について、先生がある評価基準に基づいて評価するもので、高校受験では合否判定の資料の一つとして使われます。内申書に記載される成績は主要5

教科だけでなく、体育、音楽、美術、家庭科の4教科も含まれ、その総合点によって受験する学校のランクが決まってきます。

東京都では日比谷高校や西高校、国立高校、神奈川県では湘南高校や横浜翠嵐高校といったように、各都県には公立トップ校（「進学指定重点校」などと呼ばれている）があります。中学受験をせず、公立トップまたは上位校を目指すなら、5教科はオール5が基準。副教科も4以上は当たり前というように、オールマイティーでなければ難しいでしょう。主要科目はオール5でも、体育で3をとってしまったばかりに志望校へ行けなくなってしまうこともあるのです。

また、中学校の成績というものは、中間テストや期末テストの結果だけでなく、提出物や授業態度、勉強に対する意欲や関心などが総合的に評価されます。たとえテストの点が良くても、授業態度が悪いと良い評価はもらえません。そのため、悪目立ちするタイプの子や、逆に発言が少なく目立たないタイプの子は、高校受験では不利になると思われています。一応、評価基準はありますが、意欲や関心などは先生による主観的な評価になりやすいため、公平性に欠けてしまうという不安は拭えません。特に中学生は反抗期の時期とぶつかるため「うちの子みたいなタイプの子には不利」と思う親御さんは、「まだ親のいうことを聞く小学生のうちに受験をさせてしまおう」と中学受験を選ぶ傾向にあります。

2021年度に大きく変わった大学入試

三つめは「大学受験に対する不安」です。

2021年度から大学入試が大きく変わりました。従来の知識重視の入試から、思考力や記述力を問う入試へと変わることは決まったものの、どのような入試スタイルになるかはいまだ不透明な点が多く、その不安を回避するために、中高6年間でじっくり大学入試対策をしてくれる私立中高一貫校や、内部進学ができる大学付属校を選ぶ家庭が増えています。早慶やGMARCHなどの難関大学の付属校はこれまでも人気でしたが、近年はその下のレベルの中堅付属校や、付属校ではないけれど、優先的に進学ができる系列校を受ける受験生が増えています。

先々の不安を回避するために、中学受験を選択する家庭が増えているのです。

しかし、私は中学受験の選択を、損得で判断すべきではないと思います。**大事なのは、「わが子の力を伸ばす環境としてどこが良いか」という視点で選択すること**です。わが子には失敗をさせたくない、苦労をさせたくないという親御さんの気持ちも分からなくはないのですが、安全な道ばかり歩かせていては、お子さんは自分の力を伸ばしていくことはできません。中学受験は「不安」からではなく、お子さんの力を「信頼」して挑戦してほしいと思います。

高校入試を廃止する私立校が増加

中学受験がいいか、高校受験がいいかというのは、ご家庭の価値観だと思いますし、お子さんによっても合う、合わないがあります。ですから、ここで私は、どちらが良いか悪いかはいいません。

ただ、公立中への進学を選択する場合、ぜひとも知っておいて欲しいことがあります。それは、**首都圏では高校から入学できる私立上位校が意外と少ない**ということです。

公立中学への進学を希望するご家庭の多くは、「小学生のうちはのびのびと過ごさせたい」「勉強は中学から頑張ってもらい、できれば高校受験で公立上位校に入ってほしい」と考えています。初めから高校受験で私立に入れようと思っているご家庭は少ないでしょう。私立を志望するのなら、今は6年一貫のカリキュラムが整っている中学受験を選択するでしょう。その方が大学受験にも有利だからです。

ですから、公立中に進学する場合、まずは公立高校を検討します。しかし、先にお伝えしたように公立上位校は各中学校を代表するような優秀な子たちがこぞって目指してくるため、受験倍率が上がり、非常に厳しい戦いになります。

それなら、その次のランクの学校を狙えばいいじゃないかと思うかもしれませんが、それが意外と少ないのです。たとえば東京の場合、かつてはその次のランクに、小石川高校や三鷹高校などの学校がありましたが、これらの学校は十数年前に公立中高一貫校として生まれ変わり、高校から入学することができなくなってしまいました。また、現在は高校募集をしている都立中高一貫校の白鷗高校や両国高校も今後、高校募集を停止することが決まっています。そして、その次のランクになると、上位校との差は大きく開き、大学受験で難関大学を目指すのが難しくなってしまうのです。

「だったら、高校受験で私立上位校を目指せばいいじゃないか。高校の3年間だけなら負担も少ないし」と思うかもしれませんが、ここに大きな落とし穴があります。中学受験ではあれほどたくさんあった私立学校の選択肢が、高校受験になると一気に減ってしまうのです。

6年一貫で教育カリキュラムを組むメリット

現在、中学受験で難関校といわれ、かつ高校募集もしている学校は、男子校なら開成、慶應義塾、早大高等学院、桐朋、巣鴨、城北、本郷、女子校なら慶應女子、豊島岡女子、共学校なら早稲田実業、明大附属明治、青山学院など、数えるほどしかありません。しかも2021年には本郷が、22年には豊島岡女子が高校からの募集を停止することが決まっています。

かつて多くの私立では高校募集を行っていましたが、中学受験熱が高まるとともに、6年一貫の教育カリキュラムが確立されていきました。公立中学に進めば、その先に高校受験がありますが、6年一貫であれば、受験がない分、中3の段階で高校の勉強へ進むことができます。すると、高2の終わりには高校で必要な勉強をすべて終え、高3では大学受験のための勉強に専念することができます。

ところが、高校受験組は高校でまたイチからのスタートになります。高校募集をしている私立学校では、中高一貫校生と高校入学生とではクラスを分けて、別のカリキュラムで授業を行うのが一般的です。かつては中学受験組の中に、公立中学で3年間一生懸命勉強をし、狭き門をくぐり抜けて来た優秀な高校受験組が加わることによって、中だるみをしてしまう内部生に刺激を与え、学校全体を活性化させるという狙いがありました。実際、高校受験組が加わることで、効果も大きかったのです。

しかし、今はその効果は薄く、むしろ高校受験組が途中から加わることによって、カリキュラムを2本立てにしなければいけないなど手間だけがかかり、メリットがあまり感じられなくなっています。その結果、高校から募集をする私立上位校が減少しているのです。

中学受験偏差値と高校受験偏差値はまったく別物

もう一つ、知っておいて欲しいことがあります。それは、**同じ学校でも中学受験の偏差値と高校受験の偏差値では大きく違う**ということです。

偏差値というのは、そのテストを受けた人の全体に対して、自分がどの位置にいるかを表したものです。同じテストで自分の点数が同じだったとしても、まわりの受ける人が変われば偏差値は変わってきます。

首都圏の中学受験には主に四つの偏差値があります。難関中学を目指す子が集まるサピックス偏差値、中堅校がボリュームゾーンの四谷大塚偏差値と日能研偏差値、そして中堅校からその下のランクの学校までをカバーしている首都圏模試偏差値の四つです。受ける集団が変われば、偏差値も変わってきますから、たとえばサピックス偏差値45の学校は、四谷大塚・日能研偏差値では約50～55、首都圏模試偏差値では約60～65と数値は違ってきま

表2 首都圏有名中学の各塾別合格基準偏差値

	学校名	サピックス	四谷大塚	日能研	首都圏模試
男子	筑波大駒場	70	73	72	78
	開成	67	71	72	78
	聖光学院	64～65	70	69～70	78
	渋谷教育幕張	64～65	69～70	69	77
女子	渋谷教育幕張	64～65	71～72	69	77
	慶應中等部	64	70	69	77
	渋谷教育渋谷	60～63	69～70	67～70	74～77
	桜蔭	62	70	68	77

偏差値参照　サピックス：『SAPIX中学受験ガイド2021年度入試用』（サピックス小学部）
四谷大塚：2021年度第6回合不合判定テスト（2020年12月6日実施）
日能研：2021年中学入試予想R４一覧（2020年12月14日版）
首都圏模試：2021年中学入試予想偏差値（合格率80％）一覧（1月版）

表3 中学・高校双方での募集を行っている学校の中学受験と高校受験の偏差値比較の例

学校名	中学偏差値	高校偏差値
早稲田実業	56～59	76
豊島岡女子	61～62	75
明治大学付属明治	55～56	73
本郷	49～58	70
巣鴨	46～53	73
城北	45～52	72

偏差値参照　中学：『SAPIX中学受験ガイド2021年度入試用』（サピックス小学部）
高校：「みんなの高校情報」調べ

す。

同じことは高校受験でもいえます。中学受験に挑戦する子というのは、小学校ではテストで常に100点をとるような優秀な子ばかりです。高校受験ではそういう子たちが抜け、勉強が得意な子もそうでない子も交じって全員が同じテストを受けます。受ける集団が変われば、偏差値も変わります。すると、**中学受験偏差値45の学校が、高校受験では偏差値70オーバーの上位校になってしまう**のです。

53ページの表3に、高校募集を行っている私立学校の中学受験の偏差値（サピックス偏差値）と高校受験の偏差値が分かるものをご紹介します。

高校受験では、公立高校を第一志望とした場合、必ず併願校として私立高校を抑えておきます。たとえば日比谷高校を第一志望とする場合、よほど学力に自信がある子なら早慶附属を狙えますが、そうでない場合の抑え校として挙がる私立高校は、男子校であれば桐朋、城北、巣鴨、共学校であれば青山学院、中央大附属、明大中野などです。女子校は現在、豊島岡女子がありますが、前述の通り2022年から高校募集を停止してしまうため、そのランクに値する学校がなくなってしまいます。

高校受験で公立トップ校の抑えとして挙がる私立学校は、中学受験でいえば、偏差値50

に届かない学校もあります。そう聞くと、「わざわざ中学受験をして、その程度の学校？」と思ってしまいがちです。しかし、6年後の進学実績を見てみると、国公立大学や早慶上理などの私立難関大学への進学も多く、決してレベルが低いわけではないのです。

安くてお得？　公立中高一貫校ってどうなの？

中学受験に反対するお父さんの中には、「私立中高一貫校に入れるとお金がかかる」と教育費の面を心配している方がいます。予測不能な時代ですし、特に今は新型コロナウイルスの影響がどの業界にも大きく出ています。

そんなお父さんたちにとって魅力的に見えるのが、「公教育で私立中高一貫校並みの手厚い指導が受けられる」といわれている公立中高一貫校です。

公立中高一貫校は、2005年に東京都初の都立中高一貫校が開校したのをきっかけに、瞬く間に人気を集めました。それから5年の間に11校の都立中高一貫校が誕生します。その人気は今も衰えることなく、2020年度入試は約4〜7倍と高倍率でした。

その入学者選抜は、私立中高一貫校の入試のような学力テストではなく、小学校の成績や活動の記録を反映させた「報告書」と「適性検査」と呼ばれる筆記テストで合否が決ま

ります。学力による選抜ではないことから、「受験」ではなく「受検」と書きます。「適性検査」とは、教科の枠を超えた総合力を問うもので、いわゆる学力テストに多い知識を問うだけの選択問題や抜き出し問題はほとんど出題されません。ではどのような問題が出されるのかといえば、文章やグラフ、資料などを読み、そこから何が分かるかを考え、自分の言葉で表現するといったもの。そのため、解答の多くは記述式です。

都立の中高一貫校が誕生した約15年前は、こうした問題傾向の対策をしてくれる塾が少なく、受験倍率も高いことから、「とりあえず受検をしてみて、受かればラッキー！」と考える家庭が少なくありませんでした。受検料

表4 公立中高一貫校入試を得意とする塾・通信教育の例（順不同）

地域	特徴
首都圏	首都圏メインの大規模塾「栄光ゼミナール」が、首都圏全域で一貫校に強い
東京都	都立の中高一貫校対策に特に強いのが「ena」。西東京・多摩エリアに多い
神奈川県	湘南ゼミナールや中萬学院など
千葉県	市進学院や京葉学院など
埼玉県	あづま進学教室など
全国	通信講座「Z会」。塾に通いながら一貫校対策を通信教育で、という使い方も

も2200円と安く、気軽にチャレンジできたし、たとえ不合格だったとしても、「だって、倍率が6倍だもんなー」とあきらめがついたからです。

ところが、近年はその状況が変わってきています。年度を重ねるごとに適性検査に関するデータが蓄積され、公立中高一貫校受検専門のカリキュラムを持つ学習塾enaを代表に、その対策を行う塾が出てくると、4〜5年生から塾に通わせる家庭が増え、単なる〝記念受検〟ではなくなってきているのです。

また、中堅校以下の私立中学で、公立中高一貫校の適性検査を意識した適性検査型の試験を行う学校が増加しています。そのため、**公立中高一貫校の受検本番前の〝お試し受験〟として、私立中学を併願するケースが増えている**のです。

なにがなんでも公立主義の家庭は、公立中高一貫校が不合格だった場合、高校受験でリベンジを狙いますが、「もう受験はしたくない！」と子どもがいい出し、併願で受けた私立中高一貫校に進学するということもあります。お父さんからすれば、安くてお得な公立中高一貫校に入れるつもりが、私立中高一貫校に行くなんて話が違うじゃないか！　という展開にならないとも限りませんので、公立中高一貫校を受検する場合は、万が一、不合格だったときはどうするか、家族でしっかり話し合っておきましょう。

中学受験に向く親、向かない親

ハイレベルな学力が求められる中学受験。よく中学受験は、成熟度の高い子の方が有利といわれます。すると、「うちの子はまだ幼いから……」と、成績低迷の理由を成熟度のせいにするお母さんがいます。

でも、それは都合のいい「いいわけ」のように感じてしまうのです。

確かに中学受験をするとなると、塾で長時間授業を受け、家でも毎日欠かさず勉強をしなければなりません。遊びたい盛りの小学生には、ときにつらく感じられることもあるでしょう。それをガマンして頑張るには、自分を律する心が不可欠です。そういう意味では、成熟度の高さは多少影響します。

とはいえ、どんなに大人びた子でも、小学生の子どもが自分一人で中学受験を乗り越えるのは難しいでしょう。やはり、親御さんのサポートは必須です。というよりも、親御さんのサポートがうまくいっていれば、多少幼い子であっても中学受験は成功します。

私は**中学受験を成功させる最も重要な条件は、良好な親子関係**だと確信しています。親が適切なサポートをすれば、どんな子でも伸びて行く可能性があります。つまり、**中学受**

験を成功させるのも、つらいものにさせるのも親次第なのです。

長年、中学受験の指導をしていると、小学校低学年、中学年の子どもでも、この子はこれから伸びそうだなと感じることがあります。そういう子の共通点は、言葉がしっかりしていること。取り立ててハキハキ話せるというわけではなくても、こちらの質問をしっかり聞き、少し時間がかかっても自分で考え、自分の言葉で答えようとします。そして、隣にいるお母さんはニコニコしながら、子どもの言葉を待っている。

一方、この子は伸び悩みそうだなと思う子は、もじもじしている間にお母さんが子どもに代わって答えてしまいます。子どもが小さいときはありがちではありますが、こういうことが続いてしまうと、子どもは伸びていきません。

中学受験では、言葉を知っていることは、大きなアドバンテージになります。言葉を知らないと文章を読んでも理解できないし、物事を正確に考えることもできません。

では、言葉はどこから吸収するのかといえば、やはり身近にいる親からなのですね。子どもに言葉を吸収させるには、**親がたくさんの言葉を渡すだけではなく、子どもが発する言葉を待つことも大事です**。

子どもがうまく伝えられなかったら、「それってこういうことかな？　それともこういうことかな？」とうまく引き出してあげたり、子どもがなにか伝えたいことがあったら、「へぇ〜、そうなんだ」「それはおもしろい考えだね」と認めたり、反応してあげたりすることで、子どもは言葉を吸収し、言葉に対して興味を持つようになります。すると、テキストで難しい言葉が出てきても、立ち止まったり逃げたりせず、「これってどういう意味なんだろう？」と自分から調べるようになります。中学受験の勉強で大事なのは、この前向きな姿勢です。

一方、お父さんにありがちなNG行動は、小学生の子どもの能力を無視した学習スケジュールを立てたり、自分の成功体験を押しつけたりすること。ところが、その成功体験というのは、自身の大学受験のときの話であることが多いのです。詳しい内容についてはあとの章で事例とともに説明していきますが、残念なお父さんに共通していることは、目の前のわが子を正確に捉えず、理想論や根性論だけを述べていることです。

中学受験に向かない子どもはいない

先回りをするお母さんと、わが子の状況を正確に見ることができないお父さん。両者に共通していえるのは、ひと言でいうと「子どもとの関わり方が下手」だということです。中学受験は、親のサポートがなければ成り立ちません。わずか10歳〜12歳の子どもが毎日勉強をするのです。横で励ましてくれる親の存在がなければくじけてしまうでしょう。その親が「もっと勉強しなきゃダメよ！」とやらせすぎたり、「こんな成績では合格できないわよ！」と子どもの自尊心を傷つけたりするようでは、うまくいきません。

とはいえ、親にとっても初めての経験。感情が先走り、ときに子どもにひどいことをいってしまうこともあるでしょう。はじめから上手にサポートできる親はいません。「上手になろう」「上手になりたい」という気持ちがあればいいのです。

上手になるためには、観察眼を養うことです。それは別の言葉にいい換えれば、「ご自身の子どもの頃の気持ちで考える」ことです。子どもがつらそうにしていたら、「私が6年生のとき、こういう状況だったらどんなふうに思うだろう？　どんな言葉をかけてもらえるとうれしいだろう？」と、子どもの気持ちになって考えてみてください。そうすれば、おのずとかける言葉も変わってくるでしょう。

中学受験の勉強を進めていく上で、最も大事なことは、「子どもに気持ちよく勉強をさせること」です。それには、子どもが安心して勉強できる家庭環境が欠かせません。

中学受験に向かない子どもはいません。どんな子どもでも安心して勉強できる環境があれば、必ず伸びていきます。

相談ごとから見えるコト①

「共働き家庭でも中学受験はできますか？」

やるべきことがたくさんある中学受験の勉強。しかし、お父さんは仕事が忙しく、平日は毎日深夜帰宅。お母さんもフルタイムで働いているので、勉強をじっくり見てあげることができない。こうした現実の中で中学受験の勉強を進めていくには、できるだけ小さい頃から、自分のことは自分でやる習慣をつけておくことが大事です。

小学校に上がる前の年齢から、ほんのちょっとのことでいいから家の中で何か役割を持たせるといいと思います。たとえば、「毎朝新聞を取ってくる」。まずは、決められた役割はちゃんとやることを教えます。きちんとできたら、「ありがとう。助かるよ」とほめてあげましょう。それをくり返すうちに、約束を守れる子になります。

小学生になったら、少しずつ自分で計画を立てる練習をしましょう。はじめは「今日は何をやる？」と聞いてあげるだけでかまいません。子どもが自分で「今日は○○をする」と答えることができれば、それは立派な計画です。でも、子どもは楽しいことは覚えているけれど、そうでないものは忘れてしまいがちです。

そうならないためには、「書き出す」ことがおすすめです。あまり乗り気じゃなくても、やらなきゃいけないと思い、やれるようになります。ここで一番大事なことは、きちんとやるかどうかではありません。大人と違って子どもは、時間の感覚がまだ未熟です。親から見れば、このスケジュールはちょっと厳しいだろうと思うものでも、子どもは「大丈夫！　できる、できる！」と張り切ってしまいがちです。うまくいかなかったときは、「今日はちょっと欲張っちゃったな。でも、頑張ろうという気持ちは伝わったぞ」と、一度頑張りを認めてから、アドバイスをしてあげましょう。

そうやって、お子さんのことを認めてあげると、子どもは「自分の行動は自分で決めていいのだ」と思うようになります。これが一番大事なことなのです。大人でもそうですが、予定を立ててみたけれど、うまくいかないことはあります。でも、それを辛抱強くやり続けることで、少しずつ段取り力がつくようになります。そうすれば、親の負担はグンと減ります。

子どもが自分で毎日の学習スケジュールを立て、できるところまでやってみるという姿勢が身についたら、あとは予定通りできているかを確認するだけです。できていないなら、どこでつまずいてしまったかを確認し、一緒に解決策を考えてあげればいい。そうすれば、たとえ忙しい共働き家庭でも、中学受験の勉強を進めていくことができます。むしろ、早いうちから子どもの自立を促すことができるというメリットの方が大きいのです。

幼少期の「下地づくり」①

幼少期に「ちょっとしたガマン」の練習を

中学受験の勉強は、大手進学塾の受験カリキュラムがスタートする3年生の2月から始めるのが一般的です。しかし、それまでは自由に遊ばせておいて、塾に通い始めたら「さぁ、勉強をしなさい！」といっても、子どもは戸惑うばかりでうまくいかないでしょう。

私は幼児期からの早期英才教育には反対ですが、いずれ中学受験をするのであれば、ある程度の準備は必要だと考えています。その準備とは、子どもの学習に関係する身体感覚を高めておくことです。

たとえば、中学受験の算数では図形問題が必ず出題されます。ところが、図形を苦手とする子は少なくありません。その特徴として、空間認識力が弱いことがあげられます。

子どもは、自分が経験したことは身体感覚として残り、知識とつなぎ合わせ、理解を深めることができます。たとえば、幼児期に絵を描いたり、折り紙やあやとりをして遊んだりした子は、感覚として線を引いたり、立体図形を描いたりすることができ、図形問題に対して苦手意識がありません。あくまでも「遊び」として、親子で一緒に楽しむのがポイントです。そうやって、ほんの少し「学びの土台」を意識すると、子どもの潜在能力を伸ばしてあげることができます。

そしてもう一つ大事なことは、子どもに「ガマンをさせる」ことです。

勉強には「楽しさ」がたくさんありますが、やはり小学生の子どもにとって、遊びほど楽しいものはありません。中学受験をするとなると、ときに大好きな遊びをガマンして、勉強をしなければなりません。

ところが、幼少期にガマンをする経験をしていないと、自分を律して勉強することができません。そこで、幼少期のうちからほんの小さなことでもいいから、ガマンをする経験をさせましょう。

たとえば、机の上にケーキが置いてあるとします。「お母さん、今片付けをしているから、終わったら一緒に食べようね」と約束をする。子どもは目の前にあるケーキを早く食べたい。でも、お母さんとの約束は守らなければいけない。そうやって、自分の気持ちと葛藤しながら、ガマンをする経験をさせます。この積み重ねが必要です。

ガマンをするのは、子どもだけではありません。わずか10歳～12歳の子どもが挑む中学受験は、学力、気力、体力が不安定で、常に順調ということはほとんどありません。どんなに優秀な子どもでも、必ず波があります。そんなとき、親は一喜一憂してしまいがちですが、どんなときでもお子さんの力を信じて、励まし待つことです。待つことは、ガマンを強いられます。中学受験は子どもも、親もときにガマンが必要なのです。

▶場合分けをして順序よく調べる

この問題で難所となるのは次の〔か〕と〔き〕です。「モレれなく、ダブりなく」調べるためには**いくつかのパターンに場合分けをして、順序よく調べる**ことが大切です。

〔か〕 次のように分けて考えます。

①2段しか使わないものは〔う〕の4通りです。

②1段目2個、2段目0個、3段目1個のとき、次の2通りです。

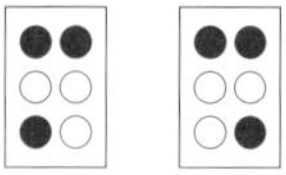

③1段目1個、2段目0個、3段目2個のとき、①で上下を逆にするので2通りです。

④1段目1個、2段目1個、3段目1個のとき

(AとB)、(CとD)、(EとF) のそれぞれ一方を選んで●にするので2×2×2＝8通りですが、右のように(A,C,E) と (B,D,F) を●にしたものは同じです。

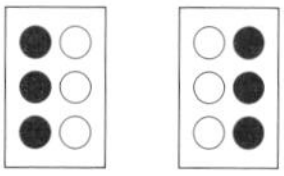

なので8－1＝7通りとなります。

①〜④の場合を合わせて、4＋2＋2＋7＝15通りです。

〔き〕 次のように分けて考えます。

①2段しか使わないものは〔い〕〜〔え〕の問題文の中に1通りと書かれています。

②1段目2個、2段目0個、3段目2個のものは次の1通りです。

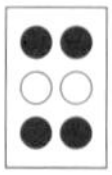

③1段目2個、2段目1個、3段目1個のものは次の4通りです。

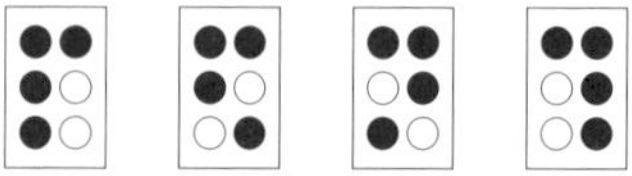

④1段目1個、2段目2個、3段目1個のものは②と同じように4通りです。

⑤1段目1個、2段目1個、3段目2個のものも同じように4通りです。

①〜⑤の場合を合わせて、1＋1＋4＋4＋4＝14通りです。

〔く〕 A〜Fのうち○のままにする1個を選べばよいので、次の6通りです。

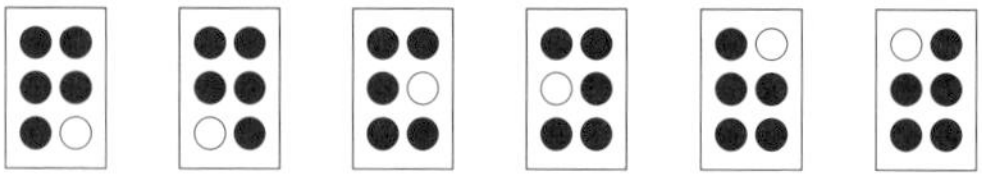

〔け〕 ●が1個〜6個のものをすべて合わせ、1＋7＋15＋14＋6＋1＝44通りです。これは確かに「ひらがなを全種類表すことができない」(渋男) に合っています。

※問題は24〜25ページに掲載されています

渋谷教育学園渋谷中2020年度【算数】大問3〔解説〕

大学入試改革の影響もありこのような身近な題材をテーマとした問題は増えつつあります。このタイプでは状況設定の説明のため問題文が長くなる傾向にありますが、重要な情報を読み飛ばさないように丁寧に読み取る必要があります。

▶大切な情報を読み飛ばさない

〔あ〕AからFそれぞれについて●か○の2通りが考えられますが、直前にある通り「6点全部が○のときは文字にならないから除く」ので、2×2×2×2×2×2－1＝63通りです。

▶「地道に数える」方針は問題文で示されている

〔い〕～〔え〕左ページ中盤から右ページ上方に書かれていることを読み取ると、「●の位置関係が同じものは1つとみなす」ことに気をつけて、4つの●の配置を考える問題とわかります。解き方も直前に渋男が言っている通り「地道に数えていくしかない」です。

〔い〕次の4通りです。

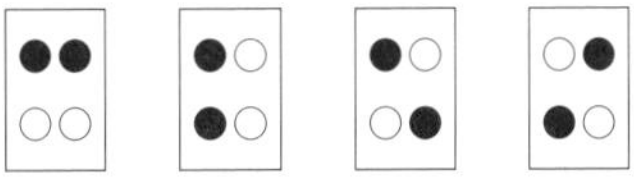

〔う〕次の4通りです。

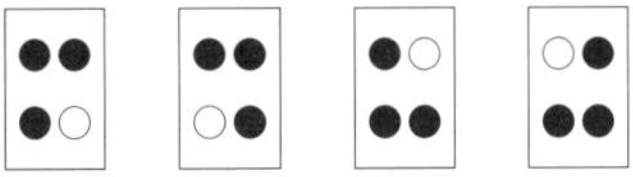

▶ヒントに従って検証する

〔え〕●が1個から4個までのものをすべて加えて1＋4＋4＋1＝10通りです。これは次の教子のセリフ「これだけあれば0～9の全ての数字を1マスで表せることになるね」と合っています。

▶前の設問の結果を利用する

〔お〕～〔け〕では、同じことを6つの場合について行います。ただし、「少し大変になる」（渋男）そうなので、前の設問の結果も活用しながら効率的に調べていくことにします。

以下では問題最初の図でAとBを1段目、CとDを2段目、EとFを3段目と呼ぶことにします。

〔お〕3段のうち2段しか使わない場合は〔い〕で4通りとわかっています。3段必要な場合、つまり1段目と3段目の両方ともに●がある場合は次の3通りです。

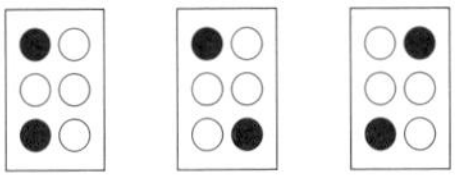

このことから4＋3＝7通りです。

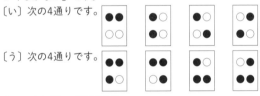

反対

第2章

4年生

中学受験における、お父さんのほんとうの役割とは？

ただいまー
いいかげんにしなさい!!
ビクッ
おーい
どうした？

だって面白くないんだもん
でも塾の宿題全然進んでないじゃない！
え〜でもぉ…疲れたし
いつもいいいわけばっかり！やらないといけないいんでしょ!?
うるさいなぁ！出てけよ!!クソババア!!!
バダンッ

よ…よう
ただいま…
スタ
スタ
おかえりなさい
トン
トン
トン
トン
いや～
今日
会社でさぁ…
ねえ……

コトン…
受験をすることについてあなたも賛成したわよね？
あ ああ…
じゃあ なんで全然協力してくれないの？
塾の送り迎えも食事の用意や
健康管理も全部私！

毎日毎日
私ばっかり
頑張ってて…
共働きなんだし
あなたも少しは
協力してよ！
ご…ごめん
何も
言われないから
うまくいってる
もんだと…
ハァー

平日は
なかなか
時間が
取れないし
思ったより
やる事が
多くて…
そう
だったのか
塾のために
お弁当を用意したり
空いた時間に
勉強を見ても
翔太はめんど
くさがって…
俺も今まで
ママに
任せっきりで
悪かったよ
これからは
俺ももっと
サポートするよ
苦労かけさせて
ごめん
私もごめんなさい
翔太やあなたに
当たって…

いや…
いいんだ
不安なことがあったら話してほしい
ありがとうパパ
早速翔太の勉強でも見てやるか！
よし！
コン
コン
翔太ー

ガチャ
入るぞー
ムスー
なにー?

どれどれ
今やってるところ
見せて
パラ…
パラ
パラ
うわ
こんな問題
やってるんだ
4年生から
ここまでやらないと
いけないのか
厳しいな……

塾の宿題を
進めないと
いけないいが
翔太のやる気は
すでに
なくなっている
さて……
どうしたものか…

お母さんの話をよく聞きましょう

なぜお母さんは中学受験をさせたがるのか

3年生の夏を過ぎた頃、どこともなく中学受験の話が出るようになります。話題を振ってくるのは、たいていがママ友です。

「ねぇねぇ、ハルカちゃんとアスカちゃん、中学受験するらしいのよ」

「〇〇小はクラスの6割が中学受験をするんだって」

「ヒナコの学年は特に多いらしいの。仲のいい友達はみんな受験をするみたいで、△△中にいく子はほとんどいないらしいの。それに△△中は今、不登校の子が多いんだって」

「やっぱり、うちも中学受験をさせた方がいいんじゃないかしら？」

そうやって、話は進んでいきます。

中学受験に関わり始めて40年。これまでいろいろなご家庭を見てきましたが、ここ10年で大きく変わったなと感じることがあります。良くも悪くも、子育てに関する情報があふれていることです。昔も中学受験をする家庭は一定数いましたが、中学受験に関して、あまりオープンに口にすることはなかったように思います。早い段階から「うちは中学受験をする」「◎◎中に入れて医学部を目指す」と家庭の方針が決まっていて、ママ友と「どうする？　する？　しない？」など気軽に話す内容ではなかったからです。

ところが、インターネットが発達し、お母さんたちがスマホを持つようになると、身近なママ友情報だけでなく、ありとあらゆるところから子育てに関する情報が入ってくるようになりました。その情報は常に正しいとは限らないのですが、「首都圏では4人に1人が受験をする」「公立中に進学すると大学受験に不利になる」などのそれらしい情報が入ってくると、**不安やあせりから「うちも中学受験をしなければ！」と思ってしまう**お母さんは少なくありません。

しかし実際は、「4人に1人」というのは、東京都のある区だけの話であったりします。また、私立中高一貫校は高校受験がないぶん、中3から高校課程の学習に進むことができ、早い段階から受験勉強ができるため、大学受験には有利といわれていますが、結果は人それぞれです。ですから、中学受験に対して、間違った不安や期待を持たない方がいいと思います。

さて、そんなお母さんに対し、お父さんはどんな反応をするのでしょうか？

最も多いのが、「君がそう思うんだったら、やってみたら?」というもの。一見、「君の自由にしていいよ」と賛成を装いながら、本音は「あまり関わりたくないな」といったところでしょうか。

もちろん、なかには「そうだな。やっぱり、受験をさせた方がいいだろうな」と、お父さんなりの考えを持って賛成することもありますが、全体的に見ると、お父さんは傍観者であることが多いように感じます。しかし、どちらも大事なことを見落としています。それは、**「お子さんにとってどうか」という視点**です。

「どうやら中学受験はした方が良さそうだ。でも、中学受験をするとなると、3年間塾に通って勉強をしなければならない。それをあの子ができるのだろうか?」

「中学受験をするとなると、大好きな野球を途中で辞めなければならなくなるかもしれない。それはあの子にとってマイナスにならないだろうか?」

「中学受験は気になるけれど、高校受験は本当に大変なのだろうか? 今ムリに受験をするより、あと5年待った方が、あの子は伸びるのではないか?」

「あの子が一番楽しそうにしているのは、どんなときだろう? それを伸ばしてあげるのに、どんな環境を与えてあげればいいのだろう?」

そうやって、**目の前にいるお子さんを中心に考えていかなければなりません**。なぜなら、中学受験の勉強をするのも、入試に挑むのも、合格した学校に6年間通うのもお子さんだからです。

中学受験をするなら夫婦の意見一致は不可欠

お母さんがいい出し、お父さんがなんとなく認めて始まる中学受験は、後からつらくなることが少なくありません。**中学受験は親のサポートなしでは成り立ちません**。その役割の多くは、いつもそばにいるお母さんになりがちです。お母さんもある程度それは納得していますが、すべてを担うことを望んでいるわけではないのです。

やがて「『受験をさせた方がいい』といったのは自分だけど、あなたも賛成したわよね？　だったら、あなたも少しは協力しなさいよ！」と不満をぶつけてきます。「夫が協力してくれない」というストレスが溜まってくると、夫婦ゲンカに発展するだけでなく、イライラから子どもにもきつい言葉を投げてしまうことも。すると、子どもは、お母さんが怖いから仕方なく勉強をするか、もっと深刻になると、お父さんとお母さんがケンカばかりしていることで気持ちが不安定になり、勉強どころではなくなってしまいます。

そうならないためには、**まずは夫婦でしっかり話し合うこと**です。

しかし大手中学受験塾の入塾テストが始まるギリギリの時期にそれをやってしまうと、お互いの意見のすり合わせができていないのに、「もう来月には入塾テストが始まってしまうの。とりあえず、テストだけ受けさせて、後でゆっくり考えましょ！」と、その場しのぎの行動をとるようになってしまいます。

こうなったとき、多くの場合はいわれるままに入塾することになります。**一度、塾に入ると、よほど親がしっかり自分の考えを持っていない限り、塾のペースで進んでいくことになります**。話し合いは早めにしておきましょう。

理想としては、小学校に上がる前の段階で一度話し合っておくといいと思います。そのとき、中学受験の良し悪しを討論するのではなく、「わが子をどんな人に育てたいか」「わが子の力を伸ばしてあげるにはどんな環境が理想か」という視点で話し合いましょう。

自分から進んで勉強できる子にするには

早い段階で決めておくメリットは、ほかにもあります。中学受験の勉強が始まると、どの親も子どもが自分から勉強してくれることを望みます。しかし、それまで何も準備をしてこなかったのに、**塾に通うようになったからといって、ある日突然自分から勉強をするようになるということはまずありません**。それは夢物語です。

自分から行動を起こせるようになるには、第1章のコラムで書いたように、幼い頃から自分の行動を自分自身に決めさせる経験を積み重ねることが不可欠です。

はじめは「今日何やりたい？」と、子どもにやりたいことを聞き、次第に「今日は何をやる？」に問いを変え、子ども自身にやることを決めさせる。やることが増えてきたら、「今日は何をやるほうがいい？」と、**子ども自身に自分の行動を選択させる**。ここで大事なのは「何をやるか」という中身や「ちゃんとやったか」の結果ではありません。「これをやる」と子ども自身に決めさせることです。

字が書けるようになったら、「今日やること」をメモする習慣づけをします。その際、やり残しがあっても、叱らないこと。「じゃあ、明日はどうしたらいいと思う？」と問いを投げかけ、子ども自身に考えさせる時間を渡してあげてください。そうやって、失敗をくり返し、修正していくうちに、自分のことは自分で考えて行動できるようになります。

ところが、多くの親御さんはそれを待てません。「うちの子は幼いから」と決めつけ、子どもの行動にいちいち指示を出してしまうのです。

長年多くの子どもの指導にあたってきましたが、ここ最近特に感じるのは、**指示待ちの子どもが増えている**ことです。

「今日は算数と理科を勉強しなさい」「明日は国語と社会をやること」

そうやって、親がなんでも決めてしまうと、やがて子どもは「今日は何をすればいい？」と指示を待つようになります。それでは子どもの自主性は育ちません。

受験勉強が始まると、毎日の課題をやることで精一杯になり、今すぐ自分から勉強する子にするのは至難の業でしょう。そういう場合は気持ちを切り替え、長い目で自立を促していくほうが賢明です。たとえば学習スケジュールを決めるときも、親としてはぜひやってほしい課題をあげつつも、「できそうかな」「ちょっと無理そうだったらやらなくてもいいよ。どうしようか？」と選択肢を与え、最終的に子ども自身に決めさせます。それができたら、「一日にこんなにできたなんてすごいな！　頑張ったな！」とほめてあげましょう。くれぐれも、**「自分で決めたことなのだから、できて当然」と思わないこと**。

すると、子どもは「お父さんとお母さんにほめられた！」とうれしい気持ちになり、もっと頑張ってみようかな、と思うようになります。こうしたやりとりを辛抱強く続けていくと、徐々に自分のことは自分で決められるようになります。

4年生、塾ではこんなことを学ぶ

では、実際に塾に通うようになったら、お子さんはどんな勉強をするのでしょうか？

中学受験の勉強は、4年生から6年生の3年間をかけて仕上げていきます。スタート学年にあたる4年生の勉強は、中学受験に必要な勉強のいわゆる「基礎」となるものです。

4年生の理科では、「植物」「動物」「水」「光」「電気」「熱」などいろいろなことを学びますが、これらをひと言でまとめると、「身近な事柄に興味を持つこと」が学習のテーマになっています。たとえば4年生で習う「植物」は、身近な植物の名前を覚えて特徴を知るといった、子どもの生活に関わりのあるものが多い。物理分野でも凸レンズを使って物を燃やすといったように、遊びの延長線上のようなものが多いため、子どもは比較的楽しく学ぶことができます。

ところが、それを「はい、この言葉を覚えて！」とやってしまうと、楽しいはずの理科が暗記教科に変わってしまいます。

同じことは、社会でもいえます。4年生は分野でいうと地理を習いますが、地理の本当の勉強は5年生からになります。では、4年生の社会は何をやるのかというと、まず基本の地図記号を覚えます。それと同時に、たとえば海岸沿いや盆地に住む人々の生活の特徴を学びます。そこでの生活スタイルには気象条件が関わるし、地形的な要素も関わるし、いろいろなことが影響している。その知識を習うのは5年生ですが、4年生は〝雰囲気〟を理解します。つまり、**「物事は一面から考えると間違えてしまうことがあるよ。でも、いろいろな面から考えていけば、知らないこともある程度予測できるよ」**という考え方を学ぶのです。「そうなったのはなぜ？」という、その疑問を感じる心を育てるのが、4年生の社会なのです。

理科や社会の勉強は、とにかく「楽しく学ぶ」ことが大事です。確かに覚えなければいけないことはたくさんありますが、つながりの中で興味を持つと、言葉は自然に覚えます。

算数も考え方を学ぶという点では同じです。算数で最初に習う考え方は線分図です。つまり、**「考えること」というのは、「書くこと」**だということを学びます。

ところが、塾の先生によっては、それをあまり意識せず、式で教えてしまう人がいます。すると、子どもは自分で考えることをやめ、「この問題のときはこの式で解く」という覚え方をしてしまい、ただ数字を当てはめて答えを出すようになります。

4年生のうちは、問題もシンプルなため、式に当てはめればたいていのものは答えを出すことができます。しかし、そういう解き方を続けていると、5年生になって問題が複雑になってくると、途端に分からなくなってしまいます。そうならないためには、「なぜそうなのか?」という理由とともに理解しなければなりません。

中学受験の国語と小学校の国語には大きな違いがあります。4年生ではまだその違いが分からず、学校の授業と同じように受けてしまい、混乱してしまう子がいます。

小学校の国語の授業というのは、基本的に「あなたはどう考えますか?」「あなたはどう感じましたか?」というものです。一方、受験国語の問題を解くというは、「一般的にはこう考える方がいいですね」と、そこを探す作業になります。つまり、**「君がどう考えようと感じようと関係なく、一般的にはどう考え、感じるか」を聞いている**のです。そこを理解していないと、いつまでも自分の考えで答えようとしてしまいます。

さて、ここまで4年生の学習の取り組み方について説明をしてきました。4年生で学ぶ内容は、どの教科も難しすぎるということはありません。授業中しっかり先生の話を聞き、家で復習をして理解してから、宿題で知識を定着させる。このサイクルがきちんと回っていれば、順調といえるでしょう。4年生のうちは、塾の宿題もそれほど多くはありません。ですから、出された宿題は全部やるようにしましょう。それができないと、中学受験に挑戦するのは難しいかもしれません。

むしろ問題は、すでに理解しているのに、まだ余裕があるからと、親御さんが何度もくり返してやり方を覚えさせようとすることです。すると、「勉強というのは、くり返し覚えるものなんだ」と思い込み、間違った勉強の仕方が身についてしまいます。そういう勉強の仕方をしていると、5年生になって学習量が増えたときに、急に回らなくなってしまいます。**4年生の学習のポイントは「やらせすぎないこと」です**。

中学受験のお父さんの役割はお母さんをサポートすること

中学受験は親のサポートが不可欠ですが、具体的にどんな役割があるかあげてみましょう。中学受験における主な親の役割は次の二つです。

1. 子どもの健康管理
2. 子どもの学習管理

いうまでもなく、子どもの健康管理は親の役目です。中学受験の勉強は学年が上がるごとにハードになり、宿題が終わらず夜遅くまで勉強をさせてしまう家庭があります。しかし、小学生の子どもはまだ成長の発達が途上段階にあり、無理は利きません。十分な睡眠と食事は不可欠です。また、遊びたい盛りの小学生に、ときにはガマンを強いて勉強をさせなければなりません。気分が乗っていないときや、落ち込んでいるときも勉強を継続させていくには、親御さんの励ましがなければ絶対にできません。**子どものメンタルケアやモチベーションアップも、親の大事な役割**です。

学習管理は、学習スケジュールを立てたり、勉強を教えたり、丸付けをしたり、模試の結果を分析したり、志望校を考えたり、塾の先生と連携を取ったりと内容が多岐にわたります。ここでは「学習スケジュール」と「勉強を教えること」について触れておきます。

学習スケジュールについては、前のページでもお伝えしましたが、できるだけ子ども自身にやらせましょう。

「勉強を教える」については、できる範囲で結構です。よくお父さんが算数と理科を、お母さんが国語と社会を教えると役割分担をしている家庭があります。4年生のうちは比較的うまくいきますが、学年が上がり内容が高度になってくると、親でも教えられないことが出てきます。特に算数は中学受験ならではの解法があります。それを知らず、便利な方程式で解かせようとしてしまうお父さんがいますが、それは絶対にしてほしくないことなのです。ですから、親が無理に教える必要はありません。大事なのは、**お子さんがつまずいているときにどうフォローするか**です。解説を見ながら一緒に考えてみたり、塾の先生に質問に行くよう促してみたり、それでもうまくいかないときは塾に相談に行ったりして、なんとか前に進んで行けるようにサポートしてあげてください。

では、これらの役割を夫婦のどちらがやるか？　私個人の意見としては、やはりお母さんの方が向いているように感じます。比較的いつもそばにいるお母さんの方が、子どもの様子を敏感にキャッチすることができるからです。けれども、これらすべてをお母さん一人が担うのは大変でしょう。ときには、イライラして子どもに当たってしまうこともあるかもしれません。

お父さんにしかできないことって？

そこで、お父さんの出番となるわけですが、普段お母さんがやっていることに、突然お父さんが関わってくると、大体うまくいきません。なかなか勉強を始めないわが子をきつく叱ったり、子どもの答案を見て、「なんでこんな問題が解けないんだ！」と嫌味をいったりして、子どものやる気をさらに奪ってしまうことがあります。ですから、日頃お母さんに任せているのであれば、子どもの受験には直接関わらない方が無難です。

では、何もしなくていい？

いいえ、お父さんにしかできない役割があります。それは、普段子どもの受験のサポートをしている**お母さんのストレスを軽減させる**ことです。

お母さんはいつも一人で、子どもの受験サポートをしています。急にやる気を見せたかと思ったら、翌日はダラダラしてなかなか勉強を始めようとしない。一筋縄ではいかない小学生をなんとか机に向かわせるのは、お父さんが思っている以上に大変です。そんなお母さんの報告やグチに耳を傾け、「へぇ〜、そんなことがあったんだ。なかなかあいつも手強いな。大変だったね、ご苦労さま」といった感じで、いつも頑張っているお母さんをねぎらって欲しいのです。それが、お父さんにしかできない大事な役割です。

中学受験におけるお父さんの役割は、

1. お母さんの話を聞く
2. お母さんをねぎらう

この三つを意識してください。

極端な話、**お母さんがいつもニコニコしていたら、たいていの中学受験はうまくいきます**。子どもを勉強に向かわせるには、心の安定が必要です。いつもそばにいるお母さんがイライラしていたり、不安そうな顔をしていたりしたら、子どもは心配で勉強どころではありません。そのくらいお母さんの笑顔は大きいのです。お父さんはその笑顔が絶えないように、前記の三つを心掛けてください。

学習習慣がつかない子どもに効くお父さんのひと言

もう一つ、お父さんの大事な役割があります。それは、お母さんと子どものギクシャクを和らげることです。

「勉強しなさい！　いつまでゲームをやっているの！」

リビングに響くお母さんの声。また、やっているな、と見て見ぬふりをお父さんは少なくありません。先ほど、私は中学受験におけるサポートの多くはお母さんに任せた方がいいといいましたが、お父さんに傍観者であっていいとはいっていません。**母子のバトルが始まりそうなときこそ、お父さんの出番です**。子どもが勉強をしたくないたいていの理由は、「いくらやっても終わりそうにない」と思うから。そんなときは、ちょっと量を軽減してあげると、取り組むハードルが下がります。

たとえば算数なら基礎問題をしっかり復習できればヨシとし、「これだったら、できるだろ? それ以外の発展問題が宿題に出ても、お父さんは見ないことにしてあげるから、まずは基礎問題をちゃんとやろうな」

そうやって、やるべきことを減らしてあげると、子どもは「基礎問題だけならできるかもしれない」と感じ、まずはやってみようと行動に移すようになります。

それがきちんとできたら、「おお! やっぱりできたじゃないか。だったら、その勢いでもうちょっと難しい問題もやってみるか? きっとできると思うよ」と、うまく気持ちを乗せてあげましょう。すると、子どもは「本当かなぁ? できるかな?」と不安を感じながらも、「お父さんにそういわれたのだから、もしかしてできるかもしれない」と思い、「じゃあ、やってみよう!」と挑戦する気持ちになります。

これがお母さんだとうまくいかないのです。まず、多くのお母さんはマジメで、塾から出された宿題は全部やらなければいけないと思っています。もしできなければ、受験勉強についていけず、落ちこぼれてしまうと考えているのです。しかし、後の章で詳しく説明しますが、塾の宿題は必ずしもすべてやる必要はありません。むしろムダも多いのです。

また、お母さんは日頃子どものそばにいて、子どもの性格がよく分かっています。「あの子は一度甘やかすとつけあがるから、絶対に甘くしないわよ！」と思っています。

ところが、子どもはほんの少し言葉を変えるだけで、やる気を出したりするものなのです。でも、いつもそばにいるお母さんの言葉だとなかなか刺さりづらい。そこで、**いつもはあまり受験勉強に関わっていないお父さんのひと言が効く**のです。

なんだかお父さんばかりがいい役で、ズルイと思ったお母さんもいるかもしれませんね。確かにお父さんの方がおいしい役なのです。だからといって、お母さんが恨まれ役になるというわけではありません。小学生の子どもにとって、お母さんはこの世で一番大切な存在。大好きに決まっています。ですから、多少しんどい役割でも、お子さんのためと思って頑張りましょう。そして、その分のグチはお父さんにたっぷり聞いてもらい、ねぎらってもらいましょう！

「お父さんだからできる」ことはこんなにある!

4年生は「はてなマーク」をいっぱい作る

4年生の通塾は週2、3回。塾に通うようになったからといって、生活が一変するというわけではありません。習いごとも続けられるし、長期休みには家族で旅行へ出かけることもできます。この時期の注意点をあえていうなら、「勉強をやらせすぎないこと」です。学校と塾の宿題をきちんとやれば、それで十分。では、この時期に大切なことは?

それは、世の中のいろいろなことに興味を持ち、頭の中に「はてなマーク」をいっぱい作ることです。

たとえば、家族で青森のおじいちゃんの家に帰省したとします。町を歩いていると、「あれ、なんか違うぞ」と違和感を覚えます。よく見ると、信号機が縦になっている。えっ!? なんで?

これが「はてなマークを作ること」です（答えは積雪の影響を少なくするため）。

子どもが何かに関心を示したり、疑問を持ったりしたら、親子で一緒に考えたり、調べ

てみたりしてみましょう。すぐに調べられるように、家族が揃うリビングには図鑑や地図、地球儀があるといいですね。外出先の場合は、スマホを使って調べてみるのもいいでしょう。**大事なのは、子どもの「はてなマーク」をそのままにしないことです**。

「はてなマーク」は子どもだけで見つけるのはなかなか難しいものです。よく「子どもは好奇心の塊」といわれますが、実は子どもが自発的に不思議だと感じることは意外と少ないのです。そもそも「なぜ？」と考えることが、どういうことかピンと来ないのです。

たとえば、真っ青な空を見て、親が「空が青いね。なんで今日はこんなに色が濃いのかなぁ～」とひとり言をいっているのを子どもが聞きます。そこで、「ほんとだ、なんで青いのだろう？」と、初めて疑問を感じる。このように、誰かの言葉を通じて気づくのです。

大きくなるにつれてだんだんと自分で不思議を発見できるようになってきますが、4年生のうちは、まだ親の声かけが大切です。「見て！　この花、おもしろい形をしているね！」「どうしてキャベツは炒めると小さくなるんだろうね？」など、たくさんの言葉を渡し、一緒に考えたり、調べたりしましょう。そうすると子どもは、「世の中にはたくさんの不思議があるんだな」「分からないことが分かるのは楽しいな」と思うようになります。

勉強も同じです。**受験勉強は分からないことだらけ。それが一つひとつ分かっていく喜**

び、解けるようになる喜びは、「はてなマーク」がクリアになったときの喜びと同じです。

4年生の間はそんな「はてなマーク」をいっぱい作るために、自然と触れ合ったり、美術館や博物館などで〝本物〟を見せたりして、子どもにさまざまな世界を見せてあげましょう。

博物館に連れて行くなら、お父さん自身がおもしろがること

4年生はまだ時間にも余裕があるので、**いろいろな体験をさせてあげましょう**。さまざまな分野に触れられるという点では、博物館に連れて行くのもおすすめです。

でも、ただ連れて行くだけでは意味がありません。親子で事前にホームページなどで下調べをしておき、「これは絶対に見たいね」「このコーナーはゆっくり見ようね」など、展示物に対する意識を前もって高めておきましょう。

実際に訪れたら、気になる展示物の説明をお子さんと一緒に読んでみてください。そのときに、お父さんが「へぇ～、これはおもしろいな～。よく考えて作られているな」「なるほど～、そういうことなのか～」とおもしろがったり、ぶつぶつひとり言をいったりすると、子どもも親を真似しておもしろがって見るようになります。ここは、ちょっと大げさ

なくらいのリアクションが効果的です。

くれぐれも、博物館に連れて行っただけで〝いいお父さん〟と思い込まないでくださいね。連れて行くことで満足し、自分は椅子に座ってスマホをいじっているなんてことは、絶対にしないでください。実は意外とそういうお父さんが多いのです。

また、お父さんの物知りをアピールし過ぎるのもあまりよくありません。教え込もうとしてしまうと、せっかく楽しいところに来ているのに、子どもは勉強しているような気分になってしまうからです。

博物館は子どもに刺激を与える絶好の場所ではありますが、すべての子どもがワクワクするとは限りません。また、低学年の頃に連れて行ったのに、行ったことをまったく覚えていない子もいます。親御さんとしては、がっかりですよね。

でも、それでいいのです。もしかすると、何かにすごく興味を持つかもしれないし、持たないかもしれない。連れて行ったときはあまり反応がなかったけれど、中学受験の勉強の中で「あ、これって前にお父さんと行った博物館で見たやつだ！」とふと思い出すかもしれない。興味を持つかどうかは、タイミングや運も大きいのです。**過度に期待はせず、何かにつながればラッキーと思うくらいがちょうどいい**かなと思います。

旅行、帰省、キャンプは学びの入口

子どもはいつ、何に興味・関心を持つか分かりません。

タカシくんに社会の地理を教えていたときのことです。「礼文島ではいい昆布が採れるんだよ」という話をしても、タカシくんはぽかーんとした表情で聞いています。横からお母さんが、「ちょっと、2年前に連れて行ってあげたじゃないの！　旅館で昆布の料理も食べたでしょ？」と教えてあげますが、タカシくんは「そうだっけ？」と笑うだけ。すっかり忘れている。

親が良かれと思って、いろいろなところへ連れて行ってみても、あまり印象が残っていないというのは、よくあることです。子どもが興味を持つものはそれぞれですし、タイミングもあります。たとえイマイチな反応だったとしても、がっかりしないことです。

また、子どもの印象に「残る」「残らない」は、親のちょっとした関わりによって変わってくることもあります。やはり、**レジャーも予習・復習が大事**なのです。どこかへ旅行へ行くときは、どんなルートで行くか、そこで何をして、何を食べるかなど、ある程度の予習をしておくと、ワクワク度がアップします。それをせずに、ただお父さん、お母さんの後をついて行くだけの旅だと、すべてが受け身の姿勢になってしまい、目の前に広がる景色に対する意識のアンテナが立ちません。

旅行に行った後も、写真などを見ながら「この料理はおいしかったね」「飛行機の上から見た景色がすごくキレイだったね」など親子で会話をしながら復習します。そうすることで、子どもの頭の中に〝自分の思い出〟として残ります。

この身体を伴った経験が大事なのです。こういう経験をたくさんした子は、中学受験の社会の勉強で、たとえば「リアス式海岸」が出てきたときに、「あ、ここって、前に飛行機の上から見たところだ！　確かにギザギザしていたな」と記憶が一致し、自分ごととして興味深く学ぶようになります。

帰省も、学ぶことがたくさんあります。たとえばマンション暮らしの都会の子どもたちは、花壇の花は見たことがあっても、自然の草花がどのように成長していくかを見たことがありません。田舎の野原が雑草だらけになっているのを見せてあげると、かなり衝撃を受けます。雑草の繁殖力の強さを知らないからです。子どもがこうした景色を見ると、植物に関心を持つだけでなく、「お年寄りが多いこの地域では、夏の草取りは大変だろうな」と感じるかもしれません。相手の気持ちになって考えることは、中学受験の国語には不可欠です。

お正月に帰省をすると、たこ揚げをすることがあります。たこ揚げといえば、冬の風物詩の一つですが、ではなぜ冬にするのかご存じですか？

それは、季節風が強いからです。風が強いというのは、等圧線の間隔が狭いわけですね。冬の天気図と夏の天気図を見比べるとすぐ分かることです。では、夏にたこ揚げをするとどうなりますか？　自分で走らなければ上がりませんよね。それは大変な労力になります。でも、冬なら風があるから、ちょっと走っただけで凧が揚がります。

こういう経験をしていると、地理で天気の内容を習ったときに、「あ、なるほど、そういうことか」と、理解を深めることができます。キャンプなどもそう。一度でもテントを張る経験をしていると、ロープをどっちに引っ張れば釣り合うかなど、力の動きが分かります。夜空に広がる満天の星を見て、星座に興味を持つかもしれません。

学びの入口はあちこちにあります。その経験を勉強に結びつけられることもあるし、できないこともある。でも、**何の経験もなければ、何も始まりません**。4年生は何かにつながるかもしれない材料を頭の中にいっぱい入れてあげる期間だと思って、さまざまな経験をさせてあげましょう。

国語の学習こそ、お父さんに関わってほしい

算数を教えたがるお父さんは多いものですが、私がおすすめしたいのは、国語の学習に関わることです。「国語なんて日本語なのだからわざわざ教える必要なんてないじゃないか」「算数なら教えられるけれど、国語は苦手だったからなぁ」と思うお父さんもいるでしょう。でも、大丈夫。国語を「教える」のではなく、「学習に関わる」ことなら、十分に戦力になってあげられるのです。

一般的に中学受験の国語入試は、「物語文」「説明文・論説文」「漢字・語句」の三つで構成されています。物語なら読み取れるけれど、論説文は全然分からないというお子さん。その逆で、説明文は好きではないけれど点はとれる、でも物語はさっぱりというお子さん。また、文章問題はできたりできなかったりだけど、そもそも漢字と語句の知識が少なすぎて基礎得点がとれていないお子さんなど、国語が苦手の理由はさまざまです。

ただ一つの傾向として、算数は得意だけれど、国語は点がとれないという子どもたちが苦手とするのが、物語文の読解です。そして、「算数なら教えてやれるけど……」というお父さん方も、**国語への苦手意識のおおよそは物語文や随筆の読解にある**ようです。

小学校の教科書に出てくる物語文といえば、同じ年頃の子どもを主人公にしたストーリーが多いものです。そのため、友達にこういうことをいわれたら嫌だったとか、もしお母さんと離ればなれに暮らすことになったら寂しいなとか、自分の立場と重ねて考えたり、想像したりすることができる内容であれば、理解や共感することができます。

ところが、中学受験の国語入試では、小学生の子どもたちが知らない時代の物語や、主人公が小学生の子どもではなく大人だったり、男子校の国語の入試問題で同じ年頃の女の子の気持ちを聞いてきたりします。もともと難関中学ではそのような傾向がありましたが、近年はさらにその傾向が強まってきているように感じています。

たとえば、2018年度の開成中学の国語入試では、専業主夫の父とキャリアウーマンの母という家族構成の物語が出題されました。主人公はキャリアウーマンの母親です。専業主夫の夫が自作の絵をインスタグラムに投稿していて、それがきっかけで個展を開くことになったけれど、夫が留守の間に作る子どものお弁当の卵焼きがうまく焼けずに心を乱す女性の心理が描かれています。こうした物語を前にしたとき、「父親は会社員・母親は専業主婦」で育った家庭の子はイメージすらしづらいことでしょう。まして、キャリアウーマンの母親が子どもの好物である目玉焼きを作れなくて葛藤している姿なんて、幼い男の子だったら「なにがいいたいのかさっぱりわからない」と思います。

しかし、このような大人の心の機微を聞いてくるのが、難関中学の国語入試です。

世の中について教えてあげるのはお父さんの役割です

では、こうした問題を解けるようになるにはどうしたらよいか？

そんなの塾が教えてくれるんじゃないの？　と思うかもしれません。確かに塾では、物語文の読解の進め方は教えてくれます。国語という教科は、ある程度難しい素材文でも、設問に沿って論理的に読み進めていく技術を磨けば、多くは正解を導くことができるからです。しかしながら、そこには大前提があります。文の内容、背景が子どもに理解可能であることです。ところが、難関中学の国語入試の物語文は、時代背景や政治的背景が異なっていたり、家族構成が複雑だったりと、小学生の子どもの経験値、理解をはるかに超える内容が出題されます。そこで、お父さんの出番です！

私は、塾の教える技術で補えないこの**「社会について教えること」こそが、お父さんの大事な役目**だと思っています。実社会で働いているお父さんなら、社会人としていろいろな人と接してきた豊富な経験を生かすことができるからです。

今、世の中では、戦争、テロ、殺人、いじめ、差別、貧困などさまざまな暗いニュースが流れています。なかには、子どもには見せたくないものというのもあるでしょう。でも、私は子どもに「社会の真実」を伝えることは大事であると思っています。良いニュースも、悲しいニュースも現実社会で起きていることだということを伝え、その上で小学生の子どもにも分かるように説明をしてあげたり、「これについてどう思う？」と親子で意見を交換したりする。こうしたやりとりが、子どもの興味を広げ、世の中に関心を持つことへとつながるのです。難関中学の国語の入試問題で、母子家庭の話や貧困の話、ジェンダーの壁などについて書かれた物語文や説明的文章が出されるのは、社会にどれだけ関心を持っているかを測るためです。それはすなわち、**「あなたの家庭では、日頃から世の中について考えたり、話し合ったりしていますか？」**ということを聞いているともいえます。

成長途中の段階にいる小学生が挑む中学受験は、成熟度が高い子ほど有利だといわれています。成熟度が高い子というのは、大人と会話ができる子です。幼いときから、大人の会話に首を突っ込む子は、大人の言葉を耳にし、新しい言葉や表現を覚えたり、大人の考えを知ったりすることができます。すると、自然と成熟度も上がっていきます。

ところが、今の小学生の子どもの世界は、学校と塾と習いごとで完結してしまいがちです。特に中学受験の勉強が始まると、塾で過ごす時間が多くなり、それ以外の世界を知る機会は大きく減少します。

子どもだけで会話をしていると、語彙は増えません。子どもに世の中やたくさんの言葉を教えたければ、**お父さんは家にたくさんの大人を連れてきてあげてください**。そのとき、子どもだからといって席を外させず、一緒に交えてあげてください。実社会で働いているお父さんなら、いろいろな職業の大人を知っていることでしょう。そうやってたくさんの大人と出会わせることこそが、中学受験に限らず、子どもを成長させる上で最も大切なお父さんの役割だと感じています。

受験と習いごとの両立はできるか？

「中学受験をするなら、習いごとはやめた方がいいですか？」

よく4年生の親御さんに聞かれる質問です。4年生のうちは塾も週2～3日なので、習いごとに関わる時間にもよりますが、一つ、二つなら大丈夫かと思います。ただ、野球やサッカーといった団体スポーツをやっている子は、今はできても、5年生、6年生と学年が上がっていくうちに、受験勉強の方が忙しくなり、練習に参加できなくなるかもしれません。団体スポーツも学年が上がるごとに試合の数が増えていきます。普段あまり練習に出ていないと、レギュラーの座を獲得するのは難しくなるでしょう。

なかには受験勉強をしながら、チームのレギュラーとして活躍する子もいますが、受験生全体で見れば少数派で、あまり参考にはなりません。やはり、**団体スポーツをしている子は、どこかのタイミングでお休みすることをおすすめします。**

一方、水泳や体操といった個人スポーツや、ピアノなどの楽器は個人でやるものなので、本人がそれをやることによって気分転換になるのであれば、続けてもいいと思います。たとえば、ピアノなら6年生であっても15～30分くらい無心に弾いた後で、メリハリをつけて勉強に取り組んだ方が効果的である場合もあります。ただし、レッスンに通う日が多かったり、発表会の練習などで時間を取られてしまったりするようであれば、一時期お休みをした方がいいかもしれません。

これまであまり乗り気じゃなかったのに続けていた習いごとに関しては、ここで「やめる」選択をしてもいいし、これからも続けたいけれど、受験勉強との両立が難しそうと思った習いごとは、「続ける」か「やめるか」の選択ではなく、「一時期休む」という選択をしてもいいでしょう。**大事なのは、「無理なく受験勉強ができるか」です。**

相談ごとから見えるコト②

「なにをやらせればいいですか？」

4年生のうちは通塾も週2〜3日で、比較的時間に余裕があります。（親御さんから見て）時間を持て余しているのなら、なにかやらせた方がいいのではないかと思い、「あとなにをやらせればいいですか？」と聞いてくる親御さんがいます。たいていはお母さんです。

その質問の本心を探ると、「もっとなにをやらせたらいいですか？」と、本当は「もっと」が入っている。しかし、そういう質問をしてくる方は、すでにやらせ過ぎていることが少なくありません。実際、日頃どんな勉強をしているか聞いてみると、塾の宿題以外にもあれこれやらせていて、子どもの空き時間はほとんどない。そのほんの少しの空き時間すら許せず、「あとなにをやらせればいいのですか？」と聞いてくるのです。

けれども、4年生のうちはそこまで勉強をさせる必要はありません。むしろ、空いている時間を有意義に使ってほしいのです。友達と遊んだり、家のお手伝いをさせたり、どこかへ連れて行ってみたり。こうしたさまざまな体験が〝学びの土台〟を作ります。

5年生になると、塾の勉強が忙しくなってきます。5年生の後半になってくると、そろそろ現実も見えてきます。「このままだと志望校に受からないかもしれない……」と思い始めたときに、再び「なにをやらせればいいですか？」と聞いてくる親御さんは少なくありません。そういう質問をしてくる方というのは、「受験勉強というのは、効果的だといわれる問題集をやりさえすれば伸びる」と思い込んでいる方が多い。でも、それはご自身の大学受験と重ね合わせているように感じます。

中学受験で大事なことは、「なにをやるのか」と、それを「どのようにやるか」です。特に「どのようにやるか」が重要になります。たとえば算数なら、「問題文をきちんと読んでいるか」「図形問題だったら、ちゃんと自分で図を描き起こしてから問題に取り組んでいるか」といった具合です。また、ミスが多い場合は、「殴り書きになっていないか」「焦って勉強をしていないか」といった注意が必要です。ここを曖昧にしておくと、「たくさん勉強をしているのに、成績が上がらない」という残念な状況に陥ってしまいます。

「なにをやるか」については、今やっていることをヒアリングすると、ほとんどはもう十分にやっています。逆に「それ以上はやらせたらダメですよ！」という展開になることが多いですね。

子どもの勉強で不安を感じたら、「量」ではなく、「やり方」を注視しましょう。

幼少期の「下地づくり」②

スマホがもたらす感覚の低下

近年、四捨五入の計算が苦手な子どもが増えています。数の感覚がつかめない子が多いのです。その理由の一つとして、小銭を持たなくなっていることがあるのではないか、と私は推測しています。

今の子どもたちは、塾や習いごとでとにかく忙しく、家のお手伝いをする機会がほとんどありません。昔なら、「お醤油切らしちゃったから、買って来てくれる？　余ったお金でお菓子を買っていいわよ」、なんていわれると、「よし！できるだけ安い醤油を買って、お菓子をたくさん買うぞ！」と張り切ったものです。そうやって、小銭の感覚、すなわち数の感覚を身につけていったのです。

ところが今は、親御さん自身も現金で買い物をしなくなっています。スーパーの買い物もクレジットカードやスマホ決済などキャッシュレスが主流になっています。

また、子どもにお金を持たせるときも、現金ではなくＳｕｉｃａなどにチャージして渡すご家庭は少なくありません。こうした機能は便利ではありますが、子どもに数の感覚を身につけさせることができません。

近年、子どもたちの指導をしていると、「えっ!?　これが分からないの？」と驚くことが増えています。

たとえば、暦が分からない。１年は３６５日で、何月が何日で、祝日がいつかという日本人なら当たり前に持っている感覚が鈍っているように感じます。それはなぜだろう？　と考えてみたところ、スマホの存在が大きいのではないかと思ったのです。

スマホがあれば、カレンダーも、時計も、計算機ももれなく付いてきます。今までは紙の手帳や腕時計を使っていた人が、スマホの登場によって持たなくなったというのは、よく聞く話です。確かにスマホがあれば、なんでも事が足りてしまう。便利ですよね。

でも、世の中にスマホが普及したことによって、子どもたちに数の感覚や時間の感覚が身につきにくくなっているように思えてなりません。

大人なら、すでにそういう感覚が身についているので、便利なスマホを活用してもいいと思います。でも、まだその感覚が身についていない子どもには、小銭やカレンダーなどのアナログの道具を使って、教えてあげてほしいと思います。

第3章

5年生

やりがちなお父さんのNG行動、どこがいけない？

あれ以来——
俺は
サポーターとして
頑張ることに決めた

5年生の夏休み前――
○○塾
クラス分け
テスト結果表
ただいまー
ペラ
な!!
なんでこんなに下がってるんだ!?
4年生のときはずっと上がり続けてきた成績ががくんと下がっている
う〜ん…
やっぱりママに任せきりなところがあっただろうか…
…いや

俺がしっかりしなければ！
本格的に勉強をみてやるか!!
あらおかえり
――次の日の朝
翔太！
お父さんが勉強を見てやるぞ！
えお父さん！いいの？やったー!!
今日はこの予定でみっちりやるからな～！
スケジュール表
ええ～～?!

いつになったら
終わるんだ〜〜
どこが
わからないんだ？
お父さんに
見せてみろ！
うっ
5%
(A)
(B)
100g
200g
300g
底辺＝食塩水の重さ
なんだ
この解き方
どんな方法
なんだ……

疲れただろ今日はここまでにしよう
でも
まだ――
残りは明日に回せばいいさ!
この2つの面積は同じ
(B)
200g
300g
底辺＝食塩水の重さ
ダメだ…解き方が全然わからない
どうすれば……
そうだ!
なるほど!こうやって解くのか!
(B)
15%
200g
300g
底辺＝食塩水の重さ
でもこれなら方程式を立てたほうがいいな
10+2x=45
x=35/2=17.5

次の日――
昨日の問題だが
お父さんが塾よりいい方法を教えてやる
え？　本当!?
こっちのほうが早いし大人になっても使えるぞ
数時間後――
カリリ…
なんかよくわかんない…
……

こんな簡単な方程式がなんでわからないんだ？
今日中にここまで進める予定だぞ…
ガッ
無理だよ！
もうお父さんとはやりたくない‼

お前は努力が足りてない！
父さんが若かった頃はもっと……
うるさい！
お父さんウザい！
出てってよ！
ダンッ
ハァー

翔太の成績が悪い
でも少しずつ理解してるみたい
あせらないあせらない♫
5年生になると量が急に増えるし
内容も質も変わってきてるから仕方ないわよ
イラッ
お前はちゃんと勉強見てたのか?
ハッ

あなたこそ翔太のことちゃんと見えてないんじゃない？
ガタッ
俺は翔太のことを思ってだな
おおいっ
先に寝るわ
おやすみ
やっちまったな……

会社の成功体験は、受験には通用しません！

塾の勉強が一気に難しくなる5年生

４年生から始まった受験勉強も1年が過ぎ、塾生活にも慣れてきた5年生。入試本番まではまだ時間もあることから、つい中だるみしがちです。ところが、5年生になると、塾の勉強は一気に難しくなります。また、この1年で受験に必要なほとんどの単元を終わらせるため、授業はものすごいスピードで進んでいきます。そして、宿題もどっさり出ます。感覚としては、４年生の1・5倍の量の勉強をすることになります。

5年生の勉強が難しく感じるのは、抽象的な内容が増えてくるからです。たとえば算数なら、４年生ではリンゴやミカンがいくつあるかといった、子どもたちにとって目に見えるもの、すなわち子ども自身が身体感覚として持てる内容が多いのに対し、5年生では「食塩水の濃さ」といった目に見えないものや、「速さ」といった抽象的な内容になります。すると、途端にイメージがしにくくなり、難しく感じてしまうのです。

同じことは、理科でもいえます。４年生の理科というのは、花の種類を覚えたり、物の燃え方を調べるなど、「身近なものに注目しましょう」という内容でした。ところが、5年生になると、やはり抽象度が上がってきます。同じ「植物」を学ぶにしても、光合成など目には見えないものを学習します。化学分野なら物質の変化、物理分野なら滑車、バネ、力のかかり方など、どれも子どもたちの目に直接には見えないものばかりです。

国語については、素材文が一段階、難しくなります。たとえば説明文だったら、抽象的な言語の数が増えます。物語文なら、主人公の心のひだの部分にどこまで深く入っていくかというレベルが違ってきます。4年生の設問は、「私はこう思った」で正解できる部分が多いのですが、5年生の場合は「私はこう思った」ではたいてい不正解になります。つまり、**設問者がどの答えを期待しているかという目を持つ必要**があり、別のいい方をすれば、「一般的な大人が考えたらどうなるか」という共感性が必要になります。

社会は覚えることがたくさん増えます。5年生の社会は1学期に地理を、2学期からは歴史を学びます。4年生でも地理を学習しますが、4年生の地理は全体像をざっくりと把握しておく程度に過ぎません。細かい事柄を学習するのは、5年生になってからです。

たとえば、日本の農業について学ぶなら、各地域の農作物について細かく学習します。キャベツの生産高の1位～3位までを知っておくといったように、覚える作業が一気に増えます。ところが、そういう勉強をしていると、4年生のときに学んだ全体を俯瞰するという学習の習慣を忘れてしまい、各部分だけを必死になって覚えるといった暗記学習になってしまいがちです。すると、6年生になって総合的な問題が出たときに、つながりで覚えていないので、思い出せなくなってしまうのです。細かい部分を深めながらも、「全体の中で、今はここを勉強しているのだ」という意識を持つ必要があります。

このように5年生になると、学ぶべき内容の量が増えるだけでなく、すべての教科の難度が一気に上がります。

4年生までの成功体験が5年生からの成績を「下げる」

4年生のときは順調だったのに、5年生になってから成績が下がってしまう子がいます。その理由は、各教科の内容が難しくなるというのもありますが、どちらかというと4年生の学習のやり方に問題があったと感じています。

前にお伝えしたように、4年生で習う内容というのはそれほど難しくありません。たとえば算数なら、単元の種類もそれほど多くないので、くり返し学習をすることで、「この問題のときはこの解き方」とパターンで覚えやすいのです。極端な話、解き方を丸暗記するだけである程度、点がとれてしまいます。ところが5年生になると、授業で習う単元が一気に増えるため、くり返し学習する時間がありません。4年生のときにある程度の点がとれていた子は、成功体験からそのやり方が正しいと思い込み、そのまま続けようとします。しかし5年生になると、勉強の量も難度も大きく変わります。すると、「やっても、やっても宿題が終わらない」「覚えたことをすぐに忘れてしまう」という状態になってしまうのです。

そうならないためには、どういう勉強を心掛ければよいのでしょう？

まず、**改善すべきは授業の聞き方**です。4年生のうちはたとえぼんやり聞いていても、家庭学習でカバーすることができます。でも、5年生になると塾で過ごす時間が増え、家で勉強する時間を多くとることができません。また、1回の授業でたくさんのことをインプットしなければならないため、なんとなく分かったという程度では、すぐに忘れてしまいます。つまり**授業内容を深く理解できるかが勝負**になります。毎回の授業を集中して聞き、できるだけ「分からない」という状態を作らないことです。

「分かった」というのは、「ああ、なるほどな」と納得感を持って理解している状態です。納得感を持った理解とは、「なぜそうなるのか」という因果関係をしっかり理解している状態のことです。そうなっていれば、すぐに忘れてしまうことはありません。

では、どうやって見極めたらいいのか。

それは「人にきちんと説明ができるか」で判断するといいでしょう。塾から帰ってから、その日の授業で習ったことをお父さん、お母さんに説明させるのです。そのとき、親御さんはデキの悪い生徒になりきって、「これってどういうこと?」「こういうやり方ではダメなの?」と、どんどん質問してみましょう。スラスラ答えることができたら、それは納得して理解した証拠。逆に、ちょっとでもしどろもどろになっていたら、分かっているつもりになっているだけかもしれないので要注意です。

そうやって、できるだけ授業中に理解するように努力します。本来であれば、4年生からそうであってほしいのですが、4年生のうちは授業中にそこまで集中しなくても、なんとなくできてしまうところに落とし穴があります。

もし4年生のときに、くり返しの回数で勝負するような勉強のやり方をしてきてしまったのであれば、5年生になったら、勉強のやり方を変えていかなければなりません。5年生の早い段階で変えることができれば、成績は徐々に上がってくるでしょう。大事なのは、**成績低迷の背後にある何かしらの理由**に気づくことです。

受験算数を方程式で教えたがる「方程式父さん」

4年生のうちは順調に見えたのに、5年生になって成績が急降下。これは困った！とアタフタしているお母さんを見て、「やっぱりママに任せきりではダメだな。よし、俺が勉強を見てやるか！」と張り切り出すお父さんがいます。

しかし、これまでの私の経験からいうと、そのパターンは大体うまくいきません。具体的なエピソードをご紹介しましょう。

ケンジくんの算数の成績がガクッと下がったのは、5年生の夏休み明けの模試でした。ちょっとした計算ミスというよりは、明らかにトンチンカンな答えを書いているので、「ケンジくん、これってどうやって解いたの？」と聞いてみると、「お父さんから教えてもらったやり方でやってみたんだけど……」と口をもぞもぞさせながらいいます。問題用紙を見ると、その端には「x」や「y」といった文字式の跡が残っていました。

算数を方程式で教えてしまう。以前からそういうお父さんはいました。しかし、ここ最近はその数が増えているように感じます。「イクメン」や「働き方改革」が推奨され、そして今は新型コロナウイルスの影響でリモートワークになったことなど、お父さんを取り巻く環境が変わったことで、中学受験で〝お父さんの存在〟をアピールしなければと思い始めたお父さんが増えているからだと思います。

「いいか、入試はスピードが大事だ。お父さんがもっと簡単にもっと早く答えを出せるやり方を教えてあげよう！」

そうやって方程式を教えてしまう……。ところがこの方程式、大人のお父さんにとっては簡単でも、小学生の子どもにはとても分かりにくいのです。

算数・数学という科目は、正しく考えている限りどのような方法で解いても原則自由です。算数だからといって方程式を使ってはいけない、というわけではありません。しかしこれまでの経験上、塾で習った線分図や面積図などの手法で理解できなかった問題は、お父さんが方程式で教えてもまず理解できないでしょう。

その大きな理由に、算数と数学における思考方法の違いがあります。

算数では具体的な事柄を対象とする場合が多く、「今分かっていることから次は何が分かるだろうか？」「そこからさらに何が分かるだろうか？」と前から順を追って考える場合が多い。それに対して数学は、一般化された定理・公式を使う場面が増え、それに当てはめて解くことが多くなるため、「分からないものをxと置く」といった方程式的な手法を使う場面が増えます。これらは問題に対するアプローチが真逆であるため、一つの問題で理解できない二つの方法を教えられた子どもは、頭の中が混乱してしまうのです。

こういうと、「どうせ中学以降は方程式で解くのだから、最初から方程式を教えてしまった方が効率的では？」と思うお父さんがいます。しかし、一般化された対象を扱うには抽象理解が必要であり、**大人と小学生とでは、この抽象理解力に大きな差がある**のです。

受験算数に「消去算」と呼ばれるものがあります。多くの塾では4年生で学習するもので、たとえば次のような問題です。

みかん3個とりんご2個を買うと300円になります。また、みかん3個とりんご4個を買うと480円になります。みかん1個とりんご1個はそれぞれいくらになりますか？

大人であれば、みかん1個をx円、りんご1個をy円と置いて、連立方程式で解きます。これを塾で習う際には、みかんやりんごの絵を書いたり、みかんを㋯、りんごを㋷などと書いたりして並べ、違いに注目して解きます。これらの方法は実質的な処理としては同じですが、認識には大きな差があります。

子どもの頭の中では「みかん3個とりんご2個で300円」と考えており、中学受験に通じている指導者であれば、そのように具体的な感覚に落とし込んで理解させるところです。「で300円」と書いてあげないと理解できない子どもも多いのです。これを最初から「3x＋2y＝300」といってしまうと、それは何か得体の知れないものに感じられ、「何かよく分からないけど解けるもの」となってしまいます。そのまま分からないけど答えが出るから全部それでやっちゃえ、とその後の見通しがないまま形式的に式だけ立てても、結局自分では解けず、点を落としてしまうのです。

5年生以降になると、消去算は小数や分数を含む形で登場します。こうなると、「りんご2個」のようにいうことはできませんが、4年生のときにきちんと理解してきた子であれば、「4年生で勉強したあの問題に形が似ているぞ。ということは、同じようにやれば解けそうだ」と、自分の知識と結びつけて理解し、解くことができます。抽象理解は具体的な事柄、事例にひもづけていくことで上達します。

「算数より数学の方が上」と思っているお父さんの誤解

「算数の上に数学がある」と思っている大人は少なくありません。特に数学が得意な理数系のお父さんは、「小学生の算数なんて簡単」と下に見る傾向があります。線分図を書いたり、面積図を書いたりといった初等的なやり方で解くよりも、公式を使って解く方がスマートに感じるのでしょう。

多くの企業で就職試験に採用しているSPI試験の「非言語テスト」の問題の多くが中学受験算数でよく見られる問題です。

たとえば、「4・5％の食塩水と12％の食塩水を混ぜて6％の食塩水を600g作るには、4・5％の食塩水が何g必要ですか」という問題があったとします。中学受験をしていない多くの人は、自分の知っている数学的な手法で解こうとしますが、大人が連立方程式を立て終わった頃には、この単元を塾で理解した子どもは、すぐに面積図または天秤図、すなわち逆比の関係を用いて解き終わっていることでしょう。

数学的手法は一般的な定理への当てはめなので多くの問題を同じ方向で解ける利点がありますが、個別の問題を取り上げた場合は、**算数的な手法は条件を視覚化し、感覚として捉えるため、鮮やかに解けることが多い**のです。つまり、どちらが上か下かではないということです。

では、なぜ中学受験では、小学校で習う算数をはるかに超えた難しい問題を出すのでしょうか？

中学受験では、難関校といわれる学校ほど、算数の難度が上がり、方程式といった型通りの方法が効かなくなります。それを最も表しているのが、男子御三家の一つである武蔵中の算数です。問題自体は超難問というわけではないけれど、通常であれば問1、問2、問3と順番に解かせていくものを、問1、問2を飛ばして、いきなり問3だけで聞いてくることが多いのです。

一つひとつ丁寧に考えていけば、答えにたどりつけるようになっていますが、いきなり方程式を立ててしまうと分からないことが多すぎて処理しきれなくなってしまいます。B4用紙の上部に手書きの問題が書かれ、その下に途中の考え方を書く広い余白があるのも、限られた情報や知識を使って工夫することを重視し、評価するためでしょう。

難関校の算数入試は、聖光学院のように問題文が長いものや、麻布中のように小学生の子どもが見たことのない問題や、筑波大附属駒場中や駒場東邦中のようにたくさんの作業をさせて答えを出していくものなどさまざまなスタイルがありますが、どの学校にも共通していえることがあります。それは**試行錯誤しながら、発見をする喜びが味わえる**ことです。この姿勢こそが、難関校が求める生徒像であり、その力があるかどうかを見極めるために入試があるのです。

こうした算数の魅力を理解せず、便利な解法を教えてしまうのはやめましょう。もし、お子さんの勉強を見るのであれば、教え込むのではなく、一緒に考えてみるというスタンスがいいと思います。

家庭教師でご家庭を訪問すると、最近はお父さんも一緒に授業を受けることがあります。受験算数を経験したことがないお父さんが、受験算数を知ると、「なるほど～、こうやって解くのですね！　算数っておもしろいですね！」と、とても感動します。

すると、今度は子どもを差し置いて、「あっ！　わかった！」とお父さんがのめり込んでしまうこともあります。お父さんが勉強を楽しむ姿を見せることは良いことですが、あまりそれが続くと、デキるお父さんの自慢にしかならず、子どもはしらけてしまいます。

自分の知っているやり方で教え込むお父さんはダメ。子どもよりのめり込んで、デキる自分を自慢するお父さんもダメ。「だったら、どうすればいいのだ？」となりますが、**一番理想的なお父さんは、ピエロを演じられるお父さん**だと思います。

たとえ解き方が分かっていても、「へぇ～、こんな難しい問題をやっているんだ～。たいしたもんだなぁ」と子どもをほめたり、「へぇ～、こんな解き方があるんだ～！　算数っておもしろいなぁ〜」と感動してみせたりする。

こうしたお父さんを演じられると、「へへっ、お父さんにほめられちゃった！」と子どもはうれしい気持ちになり、「よーし、もっと難しい問題を解いて、お父さんを驚かせるぞ〜！」と張り切るようになります。いつもそばにいないお父さんだからこそ、響く言葉をどんどん渡してあげましょう。中学受験におけるお父さんの大事な役割は、子どもが気持ちよく勉強できるようにしてあげることです。

計画命！「エクセル父さん」が急増中！

その予定表を見た時、思わず目を疑ってしまいました。

「お父さん、これを全部やらせるつもりですか？」

「そうですよ。このくらいやらなければ、あと1年で開成には行けません！」

マモルくんは、大手中学受験塾サピックスに通う5年生。サピックスは中学受験界では難関中学に強い塾として知られていますが、マモルくんは現在、最下位のクラスにいて、学力が伸び悩んでいます。

しかし、お父さんはサピックスに通っているのなら、最難関中学の開成を目指すのが当然と思っています。小学生の子どもは成長の発達段階にいるため、この先に伸びていく可能性は十分ありますが、偏差値40レベルの学力の子を、偏差値70レベルの開成に合格させるというのは、プロ家庭教師である私たちでも、正直厳しいというのが本音です。しかし、お父さんは「死ぬ気で頑張ればできる！」と思い込んでいるのです。

そして、渡されたのが先の予定表です。

予定表はエクセルに1週間単位で組まれており、1日のスケジュールも「計算ドリル15分」「休憩5分」「算数の復習55分」「休憩5分」といったように5分刻みにこと細かく書かれています。でも、それを小学生の子どもが予定通りきちんとできるわけがありません。計算問題一つ解くにも苦戦しているマモルくんは予定の4分の1でお手上げ。そんなマモルくんを見て、お父さんは「お前の努力が足りないから伸びないんだ！」と叱ります。

実は今、中学受験家庭で、マモルくんのお父さんのようなタイプの人が増えています。私たち家庭教師の間では、ひそかに「エクセル父さん」と呼んでいます。こういうお父さんの共通点は、仕事で成功している人が多いこと。自分が立てた業務目標に対し、部下が頑張り、結果を出した。そうやって成果を出してきたから、自分のやり方に自信があるのです。

しかし、そうできたのは相手が大人だから。大人であれば自制心もあるし、仕事となれば多少無理をしてでも頑張れます。でも、小学生の子どもに同じことを求めてもうまくはいきません。なぜなら、子どもにはまだその力が備わっていないからです。

人生経験が浅い**小学生の子どもは今がすべてで、遠い先の未来に向かって、毎日同じモチベーションで頑張ることなどできません**。気分が乗っているときもあれば、やりたくないときもあるし、学力が伸びるときもあれば、下降をたどるときもある。そうやって日々変化している中で、決められた通りのスケジュールを実行することなどできないのです。

振り返ってみてください。お父さんが10歳、11歳の子どもだった頃、こんなにたくさん勉強をしていましたか？　中学受験を経験されているお父さんなら実感できるかもしれませんが、今の時代の中学受験は、覚えるべき内容が膨大にあり、求められる学力レベルも非常に高く、とてもハードなものになっています。ですから、**それに挑戦しようとしているだけで、すごいこと**なのです。

お子さんの中学受験を応援したいと思うなら、子どもの視点になって寄り添ってあげてください。「出された宿題はやるのが当然」「このくらいできて当たり前」と大人の視点でダメ出しをするのではなく、少しでも頑張っている姿勢が見えたら、「頑張っているな」

「こんな問題が解けるなんてすごいな」と子どもがうれしいと思う言葉をかけてあげてください。こと細かく学習スケジュールを立てることではなく、頑張っているわが子を認め、ほめてあげましょう。

子どものやる気を奪う「PDCA父さん」

受験勉強を進めていく上で、学習スケジュールを立てることはとても大切です。本来であれば子ども自身に決めさせた方がいいのですが、小学生の子どもにすべてを任せるというのは難しい。そこで親御さんが中心となって進めていくことになります。以前はそれをお母さんが担当していましたが、近ごろはお父さんが率先してやる家庭も増えています。

そんなお父さんが取り入れたがるのが、PDCAサイクルです。PDCAサイクルとは、Plan（計画）・Do（実行）・Check（評価）・Action（改善）をくり返すことによって、仕事を改善・効率化する手法のこと。実社会で働くお父さんたちにはお馴染みの言葉ですよね。改善・効率化に有効な手法となると、どんなことにも使えそうに感じ、子どもの中学受験にも取り入れようとします。けれども、それをやってしまうと、たいていの子はやる気をなくしてしまうのです。

なぜでしょう？

まず、お父さんの作るプランは明らかに詰め込みすぎています。先に紹介したマモルくんのお父さんのように、1日の予定を5分刻みで細かく決めていたりする。いつも子どものそばにいるお母さんなら「そんなの無理よ」と肌感覚で分かるでしょう。子どもは勉強を始める前にボーッとする時間が必要だし、子どもの集中力なんて30分がいいとこ、というのも知っているからです。

でも、お父さんは一度決めたことは、何がなんでもやらせなければと思っている。仕事ではそれが絶対だからです。そして、できない子どもを叱ります。

誤解をしないでいただきたいのですが、私はPDCAを否定しているわけではありません。正しい意味を理解しないで、「PDCA風」にやろうとすることに問題があるのです。多くのビジネスマンにとって、PDCAはあまりワクワクする言葉ではありません。どこか管理されているというイメージがあるからです。特に「C」のチェックでは、「なぜ業績が上がらない？」とできていないことを指摘されます。

しかし、本来のPDCAの「C」は、できていることもできていないことも両方チェックするもので、できていないことだけをチェックするものではありません。できていることは、「できていて当たり前」ではなく、認めてほめるべきなのです。

大人でもそうですが、人にほめられるとやる気がアップするものです。逆にできていないところばかりを指摘されて、「なにクソ！」と奮い立つ部下はあまりいないと思います。精神的にまだ幼い小学生の子どもであればなおさらです。

中学受験の勉強にＰＤＣＡを取り入れるのであれば、特に「Ｃ」の扱いに気をつけてください。**「Ｃ」はほめるためにある、くらいに思っておいた方が効果は高いでしょう**。予定通りにできたら、そこは大きなほめポイントになります。そうなるためには、予定を詰め込みすぎないことです。子どもが1日を終えるとき、「あ〜、今日は気持ちよく勉強ができたな」と思えるくらいの量がちょうどいいでしょう。

もしできていないところがあれば、「もっと良くするにはどうしたらいいと思う？」と、子どもに聞いてみてください。そのときに責めるような雰囲気にならないこと。

「この問題、どうして間違えてしまったのだろう？」

「うーん、早くテレビが観たくて、焦って計算ミスしちゃった」

「テレビの時間が気になるなら、どうしたらいいと思う？」

「録画して、日曜日に観るとか……」

「それはいい考えだね。日曜日ならゆっくり観られるもんな」

こんな感じで子どもに語りかけ、改善策を考えていきます。大事なのは、子ども自身に気づかせることです。次に計算ミスが見られなかったら、「おっ、全問正解だ！　落ち着いて解けたね。本番もその調子だよ」とほめてあげましょう。

ＰＤＣＡサイクルを回すのに慣れてきたら、「Ｐ」は子どもと一緒に考えてみましょう。初めは親を喜ばせたいばかりに、たくさんの予定を詰め込むかもしれません。そんなとき、「ほら、できるわけないっていったじゃないか」と子どもを責めるのではなく、「お前のやる気はよく分かったよ。でも、これはさすがに多すぎだな」と笑ってあげてください。ポイントは「一度ほめてから修正する」です。

プランを考えるときは、子どもに自由裁量権を与えましょう。けれども、小学生の子どもにすべてを任せるというのは、まだ難しいと思います。そこで、親御さんがある程度のプランを考えておき、「これは今日やる？　明日にする？」といったように選択肢を渡し、子ども自身に決めさせましょう。

自分で決めたことがきちんとできた。そして、ほめられた。中学受験の勉強にＰＤＣＡに取り入れるのであれば、「子どもに自由裁量権を与えること」「ほめて気持ちを乗せること」を忘れてはいけません。正しいやり方でPDCAを回すことができれば、子どもの成績はグングン上がっていくでしょう。何よりも自分で予定を立て実行するという経験を積むことは、子どもの自立にもつながります。

「俺はもっとできた」はお父さんの自慢でしかない

カイトくんのお父さんは、中学受験経験者で麻布中高→東大卒のエリートサラリーマン。わが子を母校の麻布に入れたいと、カイトくんの受験に積極的です。

ところが、当のカイトくんの成績はとても良いとはいえません。しかも、近頃はお父さんの存在をうっとうしく感じています。というのも、カイトくんのお父さんはことあるごとに「なんでこんな問題が解けないんだ！」「お父さんが子どもの頃はこんな問題、簡単に解けたぞ」と、自分の子どもの頃とカイトくんを比べるのです。

それだけではありません。私が代表を務める中学受験専門のプロ家庭教師集団「名門指導会」では、授業を行うときは、プロの指導をご家庭でも活用していただくために、親御さんにも同席してもらっています。ところが、カイトくんのお父さんはカイトくんが問題を解いている途中で、「おっ、お父さんはもう分かったぞ！」と、子どもをさしおいて答えようとします。一体誰のための授業なのか……。

なぜ、お父さんは暴走してしまうのでしょうか？

それは、単純に〝できる自分を自慢したい〟のだと思います。そんなお父さんの口ぐせは、「なんでこんな問題が分からないんだ！」「いつまでかかっているんだ！」です。その吐き出された言葉を受けとった子どもは、「俺はすぐに分かるのに」「俺だったらすぐに解いてしまうのに」という発声されなかった父親の気持ちを感じとります。

つらいですよね……。中学受験は、お父さんの自慢をアピールする場ではありません。主役はあくまでも子どもです。そこを無視して、お子さんの足を引っ張るようでは、「百害あって一利なし」です。

偏差値30台の子どもを開成中に行かせたがる「劣等感父さん」

ヒロキくんの家を初めて訪れたのは5年生の終わりのこと。成績低迷からなんとか脱出したいと、この時期に家庭教師をつけるご家庭は珍しくありませんが、ヒロキくんの精気のない表情を見たとき、これは相当マズイ状況かもしれないと悪い予感がしました。

ヒロキくんは自分からまったく話をしません。授業を進めていく中で、答えてもらうときはいつもビクビクしていて、お母さんの顔を伺ってからとても小さな声で答えます。

ヒロキくんは小学校3年生のときから、難関中学に強い大手進学塾に通っています。塾に通い始めた頃は成績がよかったようですが、5年生になってから偏差値50台から徐々に下降し、5年生の終わりには、どの教科も偏差値30台に低迷していました。

ところが、ヒロキくんのお父さんは、「ヒロキを開成中に行かせる！」の一点張り。今のヒロキくんの偏差値を倍にしなければ合格はできません。中学受験専門のプロ家庭教師である私でも、それは不可能に近いミッションでした。

ヒロキくんのお父さんは、受験にとても熱心な人でした。しかし、そのやり方は、小学生の子どものキャパをはるかに超えていました。とにかくたくさんの量をやらせることで、頭にたたき込むといったものです。

ヒロキくんのお父さんは、地方の公立名門高校から都内の難関私立大学へ進学しました。学生時代は成績優秀、かつバリバリの体育会系のラグビー部の一軍選手として活躍をしていたそうです。卒業後は大手企業に就職したものの、国家公務員の夢を捨てられず、仕事をしながら独学で試験に受かり、晴れて国家公務員に。まさに努力一筋の方です。

そんなヒロキくんのお父さんの口ぐせは「努力をすればなんとかなる」。しかし、その言葉がヒロキくんに重くのしかかっていたことを、お父さんは気づきませんでした。

お父さんの劣等感の理由は……

お父さんのスパルタ教育は、日を追うごとにエスカレートしていきました。ある日、ヒロキくんの家を訪れると、リビングには会社の会議で使うような巨大なホワイトボードが置かれていました。どうやらそこで勉強を教えているようでした。

そして、私が指導に入ろうとすると、「先生、これを見てください。この子はこれもできないし、あれもできない」と付せん紙をびっしり貼ったテキストを見せてきました。ヒロキくんを見ると、目に涙を浮かべていました。

「お父さん、さすがにこれはやらせ過ぎです。お父さんがヒロキくんを開成に行かせたいお気持ちはわかりますが、今はこのようなレベルの高い問題をやらせるよりも、基礎を固めることの方が大事です」

そして、今の段階では正直言って開成に入れるレベルではないことを伝えました。ところがお父さんは、「ヒロキができないのは、私が今まで仕事が忙しくて、勉強を見てあげられなかったからだ。今から、しっかりやらせれば成績は上がるはず」と譲りません。

そこまでいわれてしまうと、こちらも一歩引くしかありません。でも、ヒロキくんの怯えた顔を見ると、心配でなりませんでした。

悪い予感は的中しました。お父さんが直接指導に入ったことで、ヒロキくんの成績はさらに下がってしまったのです。

ヒロキくんのお父さんは、「やればできる」が口ぐせです。私がこれまで見てきたご家庭で、子どもに無理難題を押しつけるお父さんには共通点がありました。それは自分が猛勉強をして志望校に合格したという経験をしていることです。

そういうお父さんは「たくさん勉強をすれば伸びる」と信じています。でも、それは高校受験や大学受験のときのことであり、わずか10歳〜12歳の子どもに求めるのは間違っていると思います。大学受験をする高校生の頭脳には、すでに多くの知識が収納されています。新しく吸収した知識が、過去に収納された知識に自然につながったとき、納得の快感が生まれ、充実感の元になります。ところが、知識量が少ない小学生にはこの精神活動が自然に発生しないのです。お父さんはそのことに気づいていません。

現実は残酷です。お父さんがどう頑張っても、ヒロキくんの成績は上がりません。むしろお父さんが介入してから、成績は下がっていく一方です。なぜお父さんはそこまで開成にこだわるのでしょうか？

お母さんに聞いてみると、意外な言葉が出てきました。

「学歴コンプレックス」というのです。ヒロキくんのお父さんは地方の公立名門高校から都内の難関大学に進学。そして今は国家公務員で、はたから見ればエリート街道を進んでいるように見えます。ところが、現実は出身大学によって出世コースが変わってくるのだといいます。ヒロキくんのお父さんは努力家で優秀な方ですが、「学歴コンプレックス」という乗り越えられない壁があったのです。

だからこそ、わが子には同じ思いをさせたくないという気持ちがあったのでしょう。お父さんの同僚は中学受験経験者が多く、東大出身の優秀な人ばかり。自分は地方の県立高校から苦労して私立大学に進学したけれど、もし私立中高一貫校に行っていれば、自分の人生は変わっていたかもしれない。その後悔が、お父さんを暴走させてしまったのです。

中学受験は勉強量や気合だけでは乗り切れない

では、お父さんは何を誤ってしまったのでしょうか？

ヒロキくんは4年生までは偏差値50レベルの学力を持っていました。その成績をキープできたのは、4年生までは基礎的な内容なので、暗記やくり返しの学習でなんとか乗り越えられたからです。でも、5年生になるとそのやり方は通用しなくなります。なぜなら、5年生からの学習は、勉強の量も質も変わってくるからです。

たとえば算数なら、4年生なら「この問題はこう解く」という解法を知ることが主な学習となります。それが5年生になると、自分が知っている解法の中で、どれを使うかを考える学習に変わります。

そして、6年生になると、さらに問題が難しくなり、どの解き方で解くかという選択以前に、解法自体を見つけることが課題となります。つまり、総合的に考える力が求められるようになります。こうして、学年ごとに問題に対する取り組み方が変わってくるのです。それは「量を増やす」ことではなく、「質を変化させる」ことなのです。

中学受験で成績が伸び悩んでいる子の多くは、この勉強の取り組み方を知らず、ただ闇雲に量を消化しようとしています。**勉強は量ではありません**。納得感も充実感も持てない大量演習を強要することで、子どものモチベーションを下げ、理解欲を低下させるという悪循環を引き起こしてしまったのです。

中学受験にお父さんは不要といいたいわけではありません。ただ、**正しいやり方を知ら**

ずに、お父さんの成功体験に基づく価値観で進めていくことには賛成できません。大学受験なら勉強量や気合いで乗り切ることもできるでしょう。それができるのは精神的に大人に近づいているからです。でも、小学生の子どもは量や気合いだけでは乗り越えることはできません。中学受験は、小学生の子どもの成長に合わせて勉強を進めていくことが大切です。親御さんのサポートは必要ですが、親御さんの価値観を押しつけてはいけません。あくまでも主役は子どもであることを忘れないでください。

女の子のお父さんは一歩引く方がうまくいく

さて、ここまでは男の子の例を多く挙げてきましたが、女の子のお父さんはどうなのでしょうか？

私の経験に基づく見解では、お父さんは同性である息子には自分の人生を投影してしまうところがありますが、異性である娘にはそれがないように感じています。ただ、先述の通り、努力して今の自分があると思っているお父さんは、娘にもその成功体験を押しつけようとする傾向があります。

ミナミちゃんの指導に就いたのは、5年生の始め。ミナミちゃんは私立の小学校に通っていましたが、ご両親は行かせたい学校があり、中学受験をすることにしました。ミナミちゃんのお父さんは受験に熱心で、4年生の頃からミナミちゃんの勉強を見ていましたが、「勉強はたくさんやって身につけるもの」と信じていて、大量の演習をくり返していました。自身がそうやって、大学受験で結果を出すことができたからです。

「お父さんが学生のときは、学校から帰って来たら、まずすぐに寝て、起きてからは朝まで勉強していたぞ！」

そういって、ミナミちゃんにも同じことをさせようとしていました。しかし、小学生の子どもは十分な睡眠が不可欠です。生活リズムの崩れは、子どものやる気を奪います。納得の理解がないまま、闇雲に量だけをこなす勉強をし続けた結果、ミナミちゃんの成績とモチベーションは下がり続けました。そして、「このまま受験勉強を続けていても……」と6年生の夏までに受験を断念することになってしまったのです。とても残念な結果ですよね。でも、このようにお父さんの圧力で失敗してしまうケースは、男の子よりは圧倒的に少ないように感じています。どちらかといえば、お母さんと娘が仲良しで、お父さんは蚊帳の外という家庭の方が多いのではないでしょうか。ところが、意外なことにその方がうまくいくことが多いのです。

ナギサちゃんのお父さんは物知りで博学。ナギサちゃんがちょっと質問をすると、その何十倍もの知識を教えてくれます。低学年の頃はじっと聞いていたナギサちゃんでしたが、高学年になると話が長いお父さんをちょっと煙たく思うようになりました。ここでめげずに話し続けるお父さんは、この年頃の女の子に嫌われてしまう危険性大。でも、ナギサちゃんのお父さんは、ナギサちゃんの成長と共に一歩引いて関わるようにしました。

家庭教師に就いたのは4年生の時。決して成績が悪かったわけではありませんが、ときどき点が取れないことがあるのを心配して、お父さんからご依頼がありました。ナギサちゃんのお父さんは高学歴でしたが、自分が教えるとついいらぬことをいってしまうと自覚していたので、勉強は第三者にアウトソーシングするのがいいと考えていました。だからといって、すべてを人に任せるのではなく、少し引いたところからナギサちゃんの頑張りを見守っていました。子どもの能力や頑張る気持ちを信じていたのです。

ときには、私の前で「この子は図形が得意でしてね。私が気づかないような補助線も書けて本当に感心します」と、子どもにとってうれしい言葉を渡してあげることもありました。**普段の勉強はお母さんを信頼して任せているけれど、きちんとナギサちゃんの頑張りを見ていました**。こういうお父さんの家庭はたいていうまくいきます。ナギサちゃんは希望通り最難関校へ進学し、高校卒業後はアメリカの大学で政治学を学んでいます。

お父さんがまったく不仕でもうまくいくケースもあります。アオイちゃんのお父さんは地方に単身赴任中。受験勉強はお母さんと二人三脚で進めています。アオイちゃんのお母さんは娘を信頼し、「あれをしなさい、これをしなさい」といちいち指示を出すことはありません。勉強の進め方で困っていたら、「○○した方がいいんじゃないかなー。アオイはどう思う？」と、アドバイスをする程度で、基本的に子どもの意志を尊重しています。母と娘の仲がよく、大きな心配もありません。そんな二人を知っているからか、お父さんも受験に関しては口出しをしないようにしています。だからといって知らんぷりというわけではなく、ときどき電話をして様子を聞いていたそうです。

中学受験に親のサポートは不可欠ですが、私は**女の子の場合、お父さんはあまり深く関わらない方がうまくいくように感じています**。幼少期に基礎学力をつける訓練をしたり、さまざまな経験をさせてあげたりすることは、ぜひやっていただきたいのですが、いざ受験勉強が始まったら基本的にはお母さんに任せ、お父さんはお母さんをサポートする役に回った方がいい。なんだか身も蓋もない話になってしまい申し訳ないのですが、娘さんとの関わり方の参考にしていただければと思います。

5年生のうちにやっておきたいこと

子どもの成績低迷をお母さんのせいにしてはいけない

中学受験の勉強も半ばを過ぎると、徐々に現実が見えてきます。4年生のときは、子どもの受験のことはお母さんに任せきりだったお父さんが、わが子の成績を見て、「おいおい、あいつ、こんなにできないのか？」と驚き、「ちゃんと見ていたのか？」とお母さんを責める。これは絶対にやってはいけないことです。

家庭内がこういう状態になると、子どもの成績はさらに伸びにくくなります。なぜなら、子どもは親が夫婦ゲンカをしていたり、父親が母親に暴言を吐いていたりすると、気持ちが不安定になり勉強に集中できなくなるからです。

また、自分のせいで大好きなお母さんが怒られていると思うと、「僕が勉強できないから……」と自己肯定感が下がってしまいます。すると、子どもの元気がなくなり、頑張ろうという気持ちにはなりにくくなってしまうのです。

第2章でお伝えしましたが、**中学受験におけるお父さんの役割は、お母さんをねぎらう**

ことです。今までお母さんはお父さんに何も相談して来なかったかもしれませんが、やはりお子さんの成績を心配していたはずです。それに気づくのがお父さんであり、子どもの成績の低迷をお母さんのせいにしてはいけません。

子どもの成績が下がる理由はいくつかありますが、5年生のこの時期に考えられるのは、勉強のやり方がうまくいっていないことが考えられます。4年生のときに身についてしまった「何度もくり返しやる」「解き方を暗記する」といったやり方を続けていると、5年生になって、学習の量と質が変わると、途端に回らなくなってしまいます。早く宿題を終わらせなければ！　と焦るばかりに、問題文をきちんと読まなかったり、字が雑になって読み間違えてしまったりといったミスが続きます。「アタフタ学習」になってしまうと、成績はなかなか上がりません。むしろ、頑張ってたくさん勉強しているのに、成績が下がってしまうのです。

4年生のうちは塾から出された宿題はすべてやることが望ましいのですが、5年生からは**宿題の取捨選択**が必要になります。**私がおすすめしているのは「○△×学習法」です**。授業中に先生の話を聞きながら、この問題はもう十分理解しているから「○」、この問題はちょっと自信がないから「△」、この問題は難しすぎてさっぱり分からないから「×」と自己判断します。

家で勉強するのは「△」のちょっと自信がない問題です。まったく分からないというわけではないけれど、必ず「○」がとれるか自信がない問題をきちんとクリアにすることで、「△」から「○」が増えます。そうやって、勉強の量を減らし、「△」の状態だった問題を確実に解けるようにすることで、得点力を上げていきます。「×」については、今は理解が難しいけれど、子どもの成長とともに後になって理解できるものもあります。一方、志望校レベルをはるかに超える難問はやらなくてもいいでしょう。

それでもうまくいかない場合は、塾の先生に相談をしてみましょう。家庭でなんとか解決しなければと頑張ってしまう親御さんは少なくありませんが、正しい勉強のやり方が分からないまま続けてしまうと、頑張っているのに成績が上がらないという悪循環に陥り、親子で疲弊してしまいます。塾で解決できない場合は、中学受験専門に指導しているプロの家庭教師の力を借りるなどし、とにかく今、困っている現状から抜け出すことです。

成績が上がらないのはお子さんのせいではありません。まして、お母さんのせいでもありません。うまくいかないときこそ家族が一つになって、より良い方法を考えましょう。

学校見学はココをチェック!

中学受験の目標は、志望校に合格することです。ですから、志望校はなるべく早いうちに決めておいた方が、目標が明確になり、勉強のやる気にもつながります。ただ、お子さんの学力を無視して、「うちは何がなんでも御三家に入れる！」とガチガチに決めてしまうことには、私は反対です。

志望校選びに、学校説明会や学校行事の参加は欠かせません。2020年は新型コロナウイルスの影響で、学校行事が中止になったり、オンライン説明会になったりとイレギュラーな状況になりましたが、やはり**学校選びは実際に訪れることが大事**だと思います。なぜなら、その場に行かなければ分からない学校の雰囲気や空気感があるからです。

学校見学は4年生、5年生のうちに行っておきましょう。6年生になると、平日の授業のほかに志望校別の講座や模試があり、十分な時間がとれないからです。できれば、お父さんも一緒に参加してほしいですね。学校見学をする際は、事前に夫婦で「この子はこの学校が合うんじゃないかな」「この学校に行ってくれるといいな」「この学校の教育方針が良さそうじゃない？」などいろいろ話し合って、ある程度ピックアップしてから行くようにしましょう。たくさんの学校を見ることはいいのですが、あまり多すぎると、どこも同じように感じてしまい判断がにぶってしまうからです。

では、学校見学では何を見ればよいのか？

まず、**校長先生の話は、学校の教育方針について語るのでしっかり聞きましょう**。そのときに、校長先生に熱意が感じられるか、話の内容に共感できるかなどがチェックポイントになります。校長先生の熱意は統率力に直結します。目指している方向に学校全体が進んでいるかどうかを判断する尺度になります。ただし、プレゼン力だけが高い人もいるので、その見極めは難しいところです。

校内で出会った在校生たちのふるまいも要チェックです。きちんとあいさつをする生徒は好印象になりますよね。特にお父さんは、「ごきげんよう」に弱いようです。

でも、学校説明会で誘導係をやるような生徒というのは、日頃からきちんと大人の対応ができる優秀な生徒だけが集められていることも多いのです。

つまり、校長先生も生徒も、「よそゆきの顔」だということです。

学校の素顔を知りたければ、登下校の生徒に交じって歩いてみることです。そのとき、どんな会話をしているかそっと聞いてみると、おおよその雰囲気をつかめると思います。そこにお子さんが交じっても自然に感じるようなら、お子さんに合っている学校かもしれません。親御さんの直感というのは、案外当たるものです。

そうやって親御さんが行かせたいと思ういくつかの学校の中から、お子さんが「行きたい」という学校を選びましょう。学校見学は晴れた日に行くことをおすすめします。同じ学校でも天気がいい日と雨の日とでは、印象がだいぶ違ってきます。お子さんにこの学校を気に入ってもらいたいと思ったら、天気のいい日に連れて行く方がポイントは上がります。それって、親の誘導では？　と思うかもしれませんが、私はそれでいいと思います。小学生が挑む中学受験は、子どもだけで判断をすることはできません。「中高6年間はのびのびと過ごさせたい」「この子の力を伸ばしてくれそうなのは、地元の公立中学よりも私立の学校ではないだろうか」と、親御さんが考え、進めていくものです。ですから、学校選びは親御さん主体でいいのです。いくつか候補を挙げたその中から、最終的にお子さんが気に入った学校を選ぶ。それが中学受験のあるべき姿だと思います。

お父さんの時代と今では学校も変わっている

学校選びは親が主体となって進めていいのですが、必ず今の学校を見て判断してください。実はお父さんが学生だった頃は、「勉強が苦手な子が行く学校」と思われていた学校が、今は進学校になっていることも多いのです。たとえば、本郷中や巣鴨中、世田谷中などです。巣鴨中は「ガモ中」と呼ばれ、ヤンキー学校といわれていたほどです。

教育熱心な家庭が最初に私立へ流れたきっかけは、学校群制度です。都立高校が学校群制度を設けたことによって全体の平均化が進み、かつて名門校といわれていた日比谷高校や西高校などの進学実績が低迷してしまったのです。代わりに、現在御三家といわれる私立伝統校が頭角を現すようになりました。

その後、私立に大きな影響を与えたのが、ゆとり教育の導入です。「円周率が3になる」「さよなら台形君」、1999年の秋に大手中学受験塾の日能研が打ち出した広告は、ゆとり教育に不安を感じていた家庭に刺さりました。この時期に、それまで進学校ではなかった学校も進学実績を意識するようになります。先にあげた本郷中や巣鴨中、世田谷中の進学実績が伸びていったのもこの頃です。

男子校、女子校の共学化を機に、進学校に大きく転身した学校もありました。第1章で紹介した渋谷教育学園渋谷中や、広尾学園中、三田国際学園中などです。こうした学校は、経営陣がまるごと入れ替わり、もはや別の学校といってもいいでしょう。

このようにいくつかのタイミングで、私立学校は大きく変わっていったのです。

子どもの学校を選ぶ際には、**昔のイメージは捨てて、まっさらな気持ちで、今の学校を見るようにしましょう**。くれぐれも、お父さんの先入観が子ども学校選びの足を引っ張ることのないようにしてください。

こうした変化を見ていると、今はあまり注目されていない学校も、いつかガラリと変わるかもしれません。特に今年は新型コロナウイルスの影響で、すべての学校が休校を余儀なくされ、その対応に現場は四苦八苦しました。いち早くオンライン授業に切り替えた学校、いつまでも課題だけ出していた学校など、その差が大きく出ました。ＩＣＴ教育が進んでいるかどうかは、今後の学校選びのポイントの一つになるかもしれません。

また、これまでは偏差値が重視されていましたが、その価値観も変わろうとしています。時代の変化と共に、学校の選び方も変わってくるでしょう。

でも、何よりも大事なことは、「わが子をどういう人に育てたいか」という家庭の教育方針です。そのためには、まず夫婦でしっかり話し合い、意見を一致させることです。

長年、中学受験の指導に携わって感じるのは、家庭の教育方針にブレがない家庭は、中学受験がうまくいくことが多いということです。受験勉強がうまくいっていないなと感じたときは、今一度「なぜ中学受験をさせたいのか」、すなわち「わが子をどういう人に育てたいのか」を確認し合いましょう。

相談ごとから見えるコト③

「式が書けません」の裏には……

よく、「うちの子、式をちゃんと書かないんですけど、どうしたらいいですか？」と相談にいらっしゃる親御さんがいます。

お子さんの答案用紙を見せてもらうと、式は書いてないけれど、図を描いたり、計算跡があったりすることから、自分なりに考えていることが見てとれます。ただ、この場合は途中の計算を間違えてしまって、正しい答えが出せなかったと私は解釈しました。

こういう相談をされる親御さんの場合、きちんと式を書かないから答えが出せないと思い込んでいるように感じます。おそらく、親御さんがイメージする式というのは、高校の数学のようなきちんとした式です。数学の式は数々の試行錯誤の結果、やっと見つけた道筋を書き表したものです。でも算数において重要なのは、この試行錯誤なのです。「ああでもない、こうでもない」と考えるには、書くことが重要なのです。式になる一歩手前のメモ書きや図が考えることを手助けしてくれます。ですから自分の考えた順序通りに何かの形でメモ書きをしていくという習慣が大切なのです。ただ、我流でやるとムダも多いので、塾で習う書き方（線分図や面積図など）を使うというわけです。

ところが、受験算数を知らない親御さんは、そのことを知らず、式を書いているかいないかに目が行ってしまいます。

中学受験の算数入試では、考える過程を重視する学校は少なくありません。先に紹介した武蔵中の算数入試は、その代表ともいえます。B4の問題用紙には、上の方に手書きの問題があり、残りの多くは考える過程を見るための解答欄になっています。

もともと難関校は考える過程を重視した問題の作りになっていましたが、近ごろは中堅校でもそのような問題が増えてきています。

では、なぜこのような問題を出すのでしょうか？　それは、問題の意味をきちんと理解し、自分なりに考えたことを相手に分かるような順番なり書き方ができているかどうかを見ているのです。そういう点では説明能力も問われることになります。

ですから、式を書くだけではダメなのです。お子さんの答案用紙を見て、たくさん図やメモ書きが残っていたら、それは一生懸命考えた証拠です。逆に式と答えだけがあっている解答は要注意です。

そういうときは、「なぜこの式になったの？」「どうやってこの答えを出したの？」と「考えた過程」を聞いてみましょう。そこでスラスラ答えられるようなら理解できていると思いますが、学校によっては考えた過程を書き残さなければいけないこともあるので、考えた過程は必ず書くように促しましょう。

幼少期の「下地づくり」③

低学年のうちに基礎学力（読み書き計算）をつける

近ごろ、低学年から塾に入れる家庭が増えています。都心の教育熱心なエリアでは、大手進学塾の1年生のクラスがすでに満席になっているところもあるようです。しかし、私は低学年からの受験勉強の先取りを目的にした塾通いには反対です。なぜなら、子どもの成長の発達段階を無視した難度の高い受験勉強の先取りをする塾があるからです。

低学年の子どもは、抽象的な思考がまだできていない年齢です。それなのに中学受験で習うような抽象的な問題をやらせてみたところで、理解するのは難しいでしょう。難しいと感じると、勉強が楽しいと感じられなくなってしまいます。それはとても残念なことです。また、よく分からないけれど、先生が教えてくれたやり方を覚え、暗記型の学習のクセをつけてしまいます。4年生の勉強をそのやり方でやってしまうと、5年生以降に苦労するというお話をしましたが、それと同じことです。

私は低学年のうちは「読み書き計算」の基礎学力を身につける大事な時期と考えています。基礎学力がついていないと、中学受験の勉強が始まってから相当苦労することになります。大手進学塾の授業は毎回スピーディーに進められていきます。テキストや問題もスピーディーに読まなければなりません。そのため、「読む力」をつけておく必要があります。この「読む」レベルは、小学校レベルでは不十分で、いわゆるさらさらと読みながらも、細部にも注意を払えている状態にしておかなければなりません。

読む力をつけるのには音読が効果的といわれています。一般的に音読というと声を出すことだけが注目されていますが、中学受験の下地づくりに必要な音読は、声を出しながらも、頭の中に意味情報として取り込んでいくレベルまで上げていかなければなりません。そのためには、たくさん音読をする必要があります。

2年生までは学校準拠を、3年生からは『自由自在　国語　3・4年生』(増進堂・受験研究社)を使って、文章を読むことに慣れておきましょう。もう少し長い文章で練習をしたければ、市販されている四谷大塚のテキスト『予習シリーズ　4年生上』の基本問題を少しずつやってみるのもいいでしょう。

低学年で求められる「書く」は、主に漢字や熟語を覚えることです。小学校の漢字の宿題といえば、同じ漢字を20個書かせるような指示が多いですが、書いているときは覚えた気になっているけれど、少し時間が経つと忘れてしまうことは少なくありません。漢字を忘れずに覚える方法として、その漢字の由来や意味を知っておくことがポイントです。

低学年向けの漢字問題集は、一つの漢字に1ページ割いてあるのが一般的です。右側に漢字の見本があり、横に練習する枠があります。まわりには漢字の語源や書き順、それを使った熟語なども書かれています。漢字練習をするときには、まわりに書かれているその漢字にまつわる知識も意識して覚えると、すぐに忘れてしまうことはありません。すべてを覚えるのが大変だったら、まわりに書かれていることを読んでおくだけでもずいぶん違ってきます。

「計算」は数字を自由に扱えるレベルまで上げておくことが大切です。また数のイメージも大切です。「24」を見れば「2×12」「3×8」「6×4」がイメージできる慣れが大切なのです。算数の問題はすべてにおいて計算が必要です。その計算でつまずいてしまうと、中学受験の勉強はとても大変になります。計算は毎日欠かさずやるようにしましょう。1、2年生なら学校準拠の問題集を2種類用意し、毎日交互に1枚やります。3年生からはもう少し先取りをしておきましょう。塾の勉強が始まる3年生の終わりには、小学校の5年生レベルの計算ができていると、その後がスムーズになります。

低学年で鍛えたい力は「読み書き計算」。これらはその後、伸びていくための基礎的な力です。ここを鍛えずに、低学年から塾に通ったところで、伸びてはいきません。とても大事なことですので、どうか地道に取り組んでください。

第4章

6年生

さあラストスパート。家族一丸となって受験を迎えよう！

田中課長の
お子さん
××中に受かった
そうですよ
それはすごい！
うちは妻が熱心で
どうしても△△中に
入れたいって
オオッ
△△中ですか
最近評判いい
ですよね

どちらも偏差値65超えの難関じゃないか
翔太の志望校は偏差値47……
いや！だからなんだ
翔太が自分でいきたいと言った中学だ！それを応援するのが親じゃないのか
………
65超えかぁ……

ただいまー
おかえり
○○中よりも
偏差値65超えの
××中や△△中の
ほうが……

この前やったところでつまづいているな
翔太はこの問題が苦手だよなー
これ前教えたところだろ?
う……
うん

そんな
気にするな
何度も
同じ問題を解いて
苦手を克服するんだ
父さんの受験のときも
そうしたし繰り返し
やればうまくいくさ
近いよ
お父さん…
……
ところで
翔太
?

△△中
狙ってみる気はないか？
え!?
なんで？
いや……成績も上がってきてるし頑張れば翔太もいけるんじゃないかなって
でも○○中に行きたいんだそこでサッカーしたいんだよ
うーん
…そうか…

やっぱ
そうだよな〜
サッ
…………
パンッ

いや！
せっかくだ！
これだけ
やってるんだから
△△中を狙ってみよう！

ええ～!!
なんでだよ!!
ボク イヤだよー！

どうしたのよ
急に……
いや△△中の方が
翔太に合ってると
思うんだよ！
はい？
サッカーは
どこでもできるし
理由になって
ない！
△△中に
通ってるんです息子
スッゴーイ
ね！

そーと決まれば
今日も勉強
がんばろー!!
いや
決めてないし
ドーン
よし!
これから
追い込み
かけるぞ
ハァーーーッ

ここまできたら、いかにモチベーションを上げるかがカギ

夏休み以降は得点力を上げる学習に切り替える

中学受験に必要な単元の勉強は、5年生でほぼ終了します。では、6年生は何を勉強するのかというと、1学期と夏休み以降とではその中身が違ってきます。

1学期の算数は、まだやり切っていない発展タイプの学習をします。たとえば、「速さ」の単元そのものは5年生で学習しますが、6年生ではまだ触れていない難問の解き方を習います。理科と社会は未習単元を学習します。理科では物理・化学範囲の計算分野が中心となり、社会では公民を学習します。そして、夏休みが始まる前に、中学受験に必要なすべての単元の勉強を終わらせます。

夏休み以降は、演習と解説の授業に切り替わります。それまでは細かな単元の学習だったのが、大まかな単元分けになります。大まかな単元分けにすることで、いろいろな問題に当たることができ、それによってアウトプットの力を高めていくことになります。9月以降は志望校特訓講座が始まり（日能研と早稲田アカデミーは1学期から）、より入試を意

識した学習を行います。

ここで大事なのは、**授業の中身が変わると同時に、勉強に対する向き合い方も変えていかなければならない**ということです。1学期までの学習は、基本的にこれまでと同じで、授業で習ったことを家できちんと復習して知識を定着させるというやり方でいいでしょう。でも、夏休み以降はこれまでの「復習重視の学習」から、「得点力を高める学習」へと切り替えていかなければなりません。

夏以降の授業は、これまで習った内容の演習と解説になります。志望校特訓も同様です。授業では必ず演習の時間があります。そのときに、「目の前のこの問題を一発で正解してみせるぞ!」という気持ちで解くことが大事です。そうやって、**正解にこだわる勉強へと気持ちを切り替えていきます**。ところが、この時期になると、入試本番まであと半年しかないという焦りから、気持ちばかりが先走り、問題文を読み飛ばしてしまったり、計算ミスをしてしまったりといった「アタフタミス」をしてしまいがちです。そうならないためには、「問題文をしっかり読む」「設問の意味を正確に捉える」といった、問題に立ち向かうための基本的な動作を確認する必要があります。

次の三つの問いを意識してみてください。

1．「何が分かっているの？」（条件は？　情報は？）
2．「何を聞かれているの？」（結論は？）
3．「何を書けば解けそうな気がする？」（情報のまとめ方は？）

このように自問自答しながら、読み進め解いていくのです。そうすれば、アタフタミスを防ぐことができます。そうやって、一つひとつの問題にしっかり向き合い、「絶対に正解してみせるぞ！」という気持ちを持って、得点力を上げていきます。

次項からは、6年生のお子さんを持つお父さんがやってしまいがちなNG行動を紹介します。

「熱心すぎるお父さん」が子どもの成績を下げてしまう

その答案用紙を見た瞬間、これは相当マズイことになっているのではないかと、事態を深刻に受け止めました。6年生の夏休みの終わりに受けたハルトくんの算数模試の答案が、下半分真っ白だったのです。

「ハルトくん、下の問題は全部分からなかったのかな？」

「ううん」（首を振る）。「問2の問題で時間がかかっちゃって、残りの問題を解く時間がなくなっちゃったの」

見ると、その問2はごく普通の問題で、取り立てて難問というわけでもありません。

「どうしてこの問題に時間がかかっちゃったのだろう？　どこが難しかったのかな？」

「前にお父さんとやった問題とすごく似ていた。これを間違えたら、お父さんは『この問題は前に一緒にやっただろ！』と絶対に怒る。だから、何度も見直したら時間がかかっちゃって……」

ハルトくんの努力の形跡は確かにありました。答えは正解。それが何よりの救いでした。でも、その後はすべて白紙なので、結果は散々なものでした。そして、私は大きな不安を感じました。このままでは本当に取り返しのつかないことになるぞ、と。

ハルトくんの家庭教師に就いたのは、5年生の秋のことです。ハルトくんは男子御三家の一つを志望校にしていました。4年生のうちは順調だったハルトくん。しかし、5年生になると、徐々に成績が下がり始めます。それを知ったお父さんは、これまでハルトくんの受験勉強にはノータッチだったのに、突然介入し始めます。そこから、ハルトくんの成績はみるみるうちに急降下していきます。そして、5年生の秋に家庭教師のお声がかかったわけです。

実はハルトくんの成績低迷の原因は、お父さんの存在にありました。ハルトくんのお父さんは酒もタバコもやらないマジメで几帳面な会社員。家庭教師である私と話をするときは、とても物腰が柔らかく特に気難しいタイプの人には見えません。ハルトくんのことをとても思っていて、はたから見れば〝いいお父さん〟です。

ただ、ハルトくんが少し幼いタイプの子なので、「ハルトは自分一人では何もできない。私が引っ張っていかなければ」と思い込んでいる節があります。それを表すのが、お父さんが作成する「学習スケジュール」です。自宅にあるホワイトボードには、毎日の予定がぎっしりと書かれています。塾のある日、ない日に関わらず、国算理社の4教科はまんべんなく。復習、宿題、それ以外のテキストに載っている応用問題、計算や漢字などのルーティンワーク、テスト直しも全部網羅しているのです。

でも、これは明らかに詰め込みすぎです。普通なら塾のある日はその日の授業内容の復習だけで手一杯です。塾のない日も宿題を終わらせるだけで大変です。そこにお父さんが指示する学習量を付け加えるのは、どう考えても無理です。お父さんが立てたスケジュールの3分の1がこなせるだけでもたいしたものです。

ところが、お父さんはそのことに気づいていません。そして、予定通りにできないハルトくんを叱るのです。できなかったものは土日にやらせ、ハルトくんは息抜きをすることができません。一時は反抗的な態度を見せたハルトくんですが、お父さんの理屈に論破され、反抗するのをやめてしまいました。今はすっかり受け身モードで、その顔には精気がありません。

ここまで子どもを追い詰めてしまうお父さん……。でも、お父さんはハルトくんが嫌いなわけではありません。いいえ、ハルトくんのことが大好きなのです。ハルトくんの写真をスマホの待ち受け画面にしているくらいなのですから。

そして、ハルトくんもお父さんのことが好き。だから、お父さんの期待に応えようと頑張っているのです。しかし、中学受験の勉強は、小学生の子どもの体力と精神力に応じたやり方で進めていかなければ、成績は伸びていかないのです。

やらせすぎは子どもをダメにしてしまう

頑張っているのに、お父さんに認めてもらえない。ハルトくんの表情は次第に暗くなっていきました。こうなってしまうと、なかなか成績は上がっていきません。

まず、対策として勉強量を減らさなければなりません。**子どもが自信を失っているときは、あと少し頑張ればできそうなところを中心に学習をし、それができたらほめて自信を持たせてあげることが大事**です。そのためには、まずお父さんを説得し、理解してもらう必要がありました。

努力をすれば結果を出すことができる。たくさん勉強をすれば合格できる。ハルトくんのお父さんはそう信じて、ハルトくんにたくさんの課題を与えました。でも、それで結果を出せるのは、精神的に成長している高校生や大人の話であって、まだ発達段階にいる小学生の子どもに同じことを求めるのはあまりにも酷です。やらせすぎは子どもを潰してしまう。そんな話をハルトくんのお父さんにしてみました。

ハルトくんのお父さんは、私の話を熱心に聞き、「そうですね。その通りですね」と理解した様子を見せます。ところが、その後も変わらずハルトくんに無理難題を突きつけます。家庭教師のアドバイスには耳を傾けるけれど、それを〝自分ごと〟として捉えることができないのです。

こうしたやりとりが続き、さすがに私もお父さんを受験指導から外さなければいけないと思うようになりました。それまでハルトくんのお父さんは、授業のある日は必ず同席していました。ハルトくんがミスをしたり、問題を解くのに時間がかかったりするたびに、「この問題はこの間やったじゃないか」「もっと早く解かないと時間が足りなくなるぞ」と横からダメ出しを入れ、それがハルトくんを萎縮させていたのです。

まずはお父さんをハルトくんから離すことが先決だと考え、お父さんが同席できないように、授業の開始時間を早めることにしました。私の授業は通常2時間ですが、そこでじっくりハルトくんの指導にあたり、自信を持たせることが狙いです。

ところが、お父さんはなにがなんでも関わりたい一心で、汗をびっしょりかきながら急いで帰宅してきます。その姿を見ると、「なぜお父さんは、ハルトくんの心の叫びに気づいてあげられないのだろう」とせつない気持ちになります。お父さんの帰宅時間が間に合わないときには、お母さんに質問事項を託します。その中身もこと細かい質問がぎっしり。どうやら、このお父さんを変えるのは難しそうです。唯一の救いは、お母さんが冷静で、気になることを随時私に相談してくれることでした。

10月に入り、6年生はいよいよラストスパートにかかる時期になりました。ハルトくんの成績は、お父さんが介入すれば下がり、介入しなければ上がっていくという状態をくり返していました。実に分かりやすいのです。近ごろ、お父さんは仕事に忙しいようで、ハルトくんの勉強にあまり関われていないようです。それが幸いに、ハルトくんの成績は徐々に伸びてきています。しかし、またいつお父さんが介入してくるか分からないので、油断は禁物です。

できることなら、お父さん自身にそのことに気づいてほしい。ハルトくんはお父さんから見ればまだ幼く、自分が引っ張っていかなければいけないと思っているのかもしれませんが、ハルトくんは今、自分の力で頑張ろうとしています。**入試に親が同席するわけにはいきません。最後の最後は自分の力で戦うしかありません。**

そのときに最大限の力を発揮できるのは、「僕ならできる」という自信を持っている子どもです。そして、自信を与えるのは、塾の先生でも家庭教師でもありません。子どもが誰よりも大好きなお父さんとお母さんのほかにはいないのです。ですから、親はわが子のためを思って「たくさんの課題」を与えるのではなく、**「たくさんの自信」をわが子に与えてあげてください。**その自信が何よりも大きな力になるのです。

弱点単元の補強は11月末までで終わり

6年生になると、通塾は週4~5日になります。塾のない日も宿題や模試の対策をしなければならず、まさに受験一色の生活になります。

2学期以降は、「塾の宿題をやらなくちゃ！」と思わないことです。秋以降は自分にとってやるべきことをやる方が賢明です。なぜなら、中学受験のゴールは塾で成績を上げることではなく、志望校に合格することだからです。

優先すべきは過去問です。過去問は9月から取り組むのが一般的です。はじめは思うように点がとれないこともあるでしょう。でも、焦る必要はありません。過去問を解く上で最も大事なことは、その学校の入試傾向をつかむことです。**過去問は解いて終わりではありません。間違えたところは必ず振り返り、解き直します。**この作業が最優先です。

次にやるべきことは、弱点単元の補強です。その際に気をつけることは、深掘りしすぎないことです。たとえば、お子さんが「速さ」の単元が苦手だったとします。すると、親御さんは、「速さ」の単元で習ったすべてをもう一度やらせようとします。

しかし、ひとくちに「速さ」といっても難度には幅があります。基礎的なことを何度もくり返しやらせることはムダですし、お子さんが目指している学校が難関校でなければ、ダイヤグラムで解くような難度の高い問題はやる必要がありません。つまり、お子さんにとって必要な問題が解けるようになればいいのです。そのためには、やはり過去問で入試傾向を把握する必要があります。**弱点単元の補強は遅くても11月末までにとどめておきましょう**。苦手が残っていると不安になり、「もっとやらせなきゃ！」と思ってしまいがちですが、ここで必ず区切りをつけてください。

親御さんに知っていただきたいのが、**中学受験の入試で満点をとる子はほとんどいません。どんな優秀な子でも、必ずいくつか苦手を残したまま、本番を迎えています**。

苦手に向き合うことは、子どもにとってあまり楽しいものではありません。なかなか理解ができず、自信をなくしてしまうこともあります。そんな勉強をいつまでも続けていたら、子どものモチベーションは下がる一方。苦手対策は「11月末まで」と割り切り、12月からは得点を整える勉強へと切り替えましょう。

中学受験は4教科の総合点で合否が決まります。算数の苦手単元が克服できなければ、他の教科で点をとればいいだけのこと。4教科のどれで点がとれそうか戦略を練り、合格ラインに届くための勉強へと舵を切ります。最も得点力が期待できるのは、得意な分野で確実に点をとることです。

12月以降は、得意分野を中心に勉強をしましょう。得意なことを勉強するのは、子どもにとっては楽しいもの。また、「できた！」「分かる！」をたくさん味わえるので、モチベーションもアップします。そうやって、子どもに気持ちよく勉強させましょう。

直前期に気持ちよく勉強できた子は、入試でも「僕ならできるかもしれない」と成功の予感を感じながら挑戦することができます。もし、直前期まで苦手対策をやっていたら、「もしこの問題が出たらどうしよう……」「できるかなぁ……」という不安ばかりが募り、思いきって挑戦することができません。

苦手意識の刷り込みは子どものモチベーションを下げる

御三家を目指すトモヒロくんの指導についたのは、6年生の春。トモヒロくんは、難関校を目指すだけあって比較的勉強ができる子でしたが、算数の「速さ」だけがどうしても苦手でした。塾の先生からも「トモヒロくんは、『速さ』が苦手だからなぁ～」とよくいわれていたようです。そこで、家庭教師の私にお声がかかったわけです。

トモヒロくんのお父さんも大学受験で成功体験を持つエリートでした。自身の経験から「苦手なものでも、何度もくり返しやればできるようになる」という考えを持っていて、「速さ」の問題ばかりをやらせようとしていました。

しかし、「お前は『速さ』ができないからなぁ～」とお父さんがくり返しいい続けることで、トモヒロくんはますます問題が解けなくなっていきました。トモヒロくんは御三家を目指すレベルの学力は持っているので、「速さ」の概念は理解できているのです。でも、お父さんからの「お前は『速さ』ができない」と苦手意識を刷り込まれたことで、「速さ」の問題を解くときになると、「どうせ自分は解けないんだ……」と思い込み、思考が止まってしまうのです。

これは良くない状態だと思い、私はお父さんに苦手意識を持たせてしまうような言葉をかけないようにお願いしました。しかし、お父さんにはなかなか響きません。苦手なものはたくさん解けばできるようになると信じて、「速さ」の問題ばかり解かせようとします。

転機は入試直前期に訪れました。これまでお父さんのいうことを聞いていたトモヒロくんが、突然、これまで内に秘めていた気持ちを吐き出し大泣きしたのです。その姿を見たお父さんは、ようやくトモヒロくんの気持ちに気づきました。

その後のトモヒロくんは、気持ちが吹っ切れたかのようでした。「全部完璧にできなくてもいいから、ここまではやっておこうね」とレベルを設定し、できるところまでやって本番に臨んだところ、第一志望校に見事合格。入試に出た「速さ」の問題は完全な正解にはならなかったけれど、小問四つのうち二つで点数はとれていました。

「努力すれば結果につながる」

高校受験や大学受験で成功体験を持っているお父さんがよく使う言葉です。しかし、こうした精神論は小学生の子どもには通用しません。**子どもは大人が思っている以上に繊細です**。お父さんから刷り込まれた「お前はできない」という言葉が、どれだけトモヒロくんを傷つけていたことでしょう。

わが子の力を伸ばしたいのであれば、わが子の気持ちになって考えることです。12歳の子どもは、どんな言葉をかけられるとうれしいのだろう？　どんな言葉をかけたら、自信が持てるのだろう？　そうやって相手の気持ちになって考える。**中学受験は親としての力量も試されるのです**。

模試結果の正しい見方・活かし方

6年生は9月から12月まで月に1回、志望校の合格可能性がどのくらいあるかを判定する合否判定模試があります。志望校の合格可能性がパーセンテージで出ると現実味が増し、その結果に一喜一憂してしまいがちです。

しかし、ここで知っておいていただきたいのが、**学力があるからといって、点がとれる**

とは限らないということです。ですから、模試の点数だけを見て、良かった・悪かったと判断するのではなく、「どういう間違いをしたのだろう？」と、答案用紙の中身をしっかり見る必要があります。

模試の答案は、子どもの心理状態がよく表れています。

たとえば、いつもより字が雑になっていたら、「早く解かなきゃ！」と焦っていたことが伺えます。日頃の勉強が「アタフタ学習」になっているのかもしれません。また、筆圧が弱く文字が薄くなっていたら、自信がなくなっていることが考えられます。字が急に小さくなるのも、自信のなさの表れです。これは、普段のお子さんの字を知っている親御さんでなければ気づけないことです。そうやって答案から、子どもの心理状態や学習のやり方の問題点を探っていきます。

もう一つ見るべきものは、**正答率の高い問題を正解しているかどうか**。みんなが解ける基礎問題が、きちんと理解できているかどうかを見極めることができます。

たとえば中堅校狙いの場合、正答率50％以上の問題はできていなければいけません。上位校を狙うのであれば、正答率30％以上の問題は解けるようにしておきたいところです。この基礎問題が確実にとれると、それだけでだいぶ点がとれます。逆にここを間違えてしまうと命取りになりますので、間違えたところは必ず振り返り、解き直しましょう。

このときに、ただ解答を読んで、その通りにやってみたら正解が出たというのでは不十分。子ども自身が「なるほど！」と納得感を持つことができたら、本当に理解できたといえます。では、それをどう見極めるのかといえば、やはり人に説明できるかどうかなのです。模試の見直しをする際には、お子さんに「なぜそうなるのか」を説明してもらいましょう。そこで自分なりの言葉で説明することができたら、理解できたという証拠です。

「偏差値50の呪縛」からの脱却

志望校選びにおいて、偏差値は気になる存在です。しかし、そこばかりに目が行ってしまうと、親子にとってつらい中学受験になってしまいかねません。

首都圏に暮らすレンくんは、サピックスに4年生から通っています。レンくんの学力は、1学年10クラスある中で下から2番目。決していいとはいえませんが、これまでお母さんと一緒にコツコツと頑張ってきました。ところが、6年生になって模試の数が増えてくると、それまで仕事が忙しくてあまり受験勉強に関わってこなかったお父さんが、レンくんの成績のことをあれこれ口出しするようになりました。

「なんだ？　このひどい成績は……。偏差値45だと？　冗談じゃない」

「一体、今までいくらかけていると思っているんだ！」

とレンくんとお母さんを責めます。

こういうお父さんたちにはいくつかの共通点があります。それは、地方の名門高校を卒業し、都内の難関大学を出て、現在は一流の企業に勤めている、または医師、弁護士などといった特別な資格と能力が必要な職業に就いている方が多いという点です。

各公立中学校の上位数名しか入ることができない、そんな地方の名門高校出身のお父さんたちにとって、偏差値40台の学校といえば、定員割れの農業高校か工業高校のイメージしかありません。○○高卒の俺の子が、偏差値40？　お父さんのプライドが許しません。

もちろん、これだけ優秀な方ですから、偏差値は母集団で変わることは理解しています。首都圏の中学受験には四つの大きな模試があり、受ける模試によって偏差値も大きく変わります。しかし、その理屈は分かっていても、目の前の模試結果に偏差値40台の数字が出ると、心の動揺を抑えきれなくなるのです。

親がそこにこだわってしまうと、子どもは伸びていきません。特にお父さんがそう感じてしまうと、「お前はそんなところにしかいけないのか」と嘆いたり、口に出さないとしても表情に出してしまいがちです。すると、子どもは「どうせ僕はお父さんみたいに頭が良くないんだ……」と思い込み、勉強に対するモチベーションが著しく下がってしまうのです。レンくんがまさにそうでした。

サピックス偏差値で40台の学校というのは、どのあたりの学校を指すのでしょうか? たとえば首都圏の男子校であれば、偏差値40〜45レベルの学校に城北中、攻玉社中、桐朋中などがあります。しかし、これらの学校は首都圏模試であれば偏差値65前後の上位校。決して学力的にレベルが低いというわけではありません。

実際、卒業後の進路を見れば一目瞭然。各校のウェブサイトに掲載されている2020年度大学入試の合格実績(浪人含む)を見ると、城北中は東大8名、一橋5名、慶應義塾85名、早稲田132名。攻玉社中は東大11名、一橋4名、慶應義塾77名、早稲田78名。桐朋中は東大7名、一橋9名、慶應義塾56名、早稲田68名と、多くの生徒が難関大学へ進学しています。また、これらの学校は歴史もあり、魅力的な学習カリキュラムもあり、それに惚れ込んで入学してくる子もたくさんいます。

「なぜ受験をさせたのか」に立ち返ろう

地方名門高校出身のお父さんは、娘の学校に対しても同じような反応をします。カナミちゃんもサピックスに通う6年生。夏休みに入り、いよいよ第一志望校を選ぶ段階にきています。カナミちゃんの行きたい学校は、サピックス偏差値49の鷗友学園。5年生のときに観た運動会のムカデ競争に感動し、「この学校に行きたい!」と強く思うようになりました。ところが、お父さんは「偏差値40台かぁ……」と難色を示します。そして、「せめて偏差値51の吉祥女子くらい行ってくれよ」というのです。鷗友学園も吉祥女子も明るく活動的な女の子が集まるとてものびのびとした学校です。どちらの進学実績もよく、首都圏では人気のある女子校です。それなのに、カナミちゃんのお父さんは、なぜ吉祥女子をすすめるのか?

そこには偏差値50の壁が存在するのです。

では、なぜそこまで偏差値に取り憑かれてしまうのか?

一流企業、一流の職業に就いている人というのは、ほとんどが高学歴です。つまりエリート集団ということですね。そういう環境に身を置いていると、学歴こそがすべてと思ってしまいがちです。そのため、わが子を中学受験させる人が多い。すると、社内でも自然と中学受験の話が耳に入ってきます。

「○○さんのお子さんは御三家の開成に通っているらしい」

「○○さんのお子さんは、サピのアルワン（サピックスの中で一番優秀な子が集まるα-1クラス）で偏差値70の筑駒（筑波大学附属駒場）を狙っているらしい」

そんな話を聞いてしまうと、同じ塾に通っているわが子が偏差値40台の学校にしかいけないなんていえないし、いいたくない。自分のプライドが許さないだけなのです。

そんな頭が凝り固まったお父さんをどうやったら変えられるか？

まず、サピックス偏差値表だけを見ず、四谷大塚偏差値、日能研偏差値、首都圏模試偏差値も見てください。頭では分かっているかもしれませんが、実際に数字を出して見比べてみることが大事です。偏差値表は各塾のホームページからダウンロードできますので、プリントアウトして並べて見比べてみてください。

次に、もし高校募集も行っている学校なら、高校受験時の偏差値も見てください。53ページには主な学校の比較もありますし、ネットでいくらでも検索できます。たとえば、城北中は中学受験ではサピックス偏差値45〜52の学校ですが、高校受験になると偏差値72の難関校になります。同じように中学受験では偏差値46〜53の巣鴨中は高校受験では偏差値73になります。

でも、**本当に大事なのはこうした数字ではなく、その学校の校風**です。そもそも中学受験をさせたいと思ったのはなぜですか？　おそらくわが子を、より良い環境で学ばせたいという思いがあったからではありませんか？　では、お子さんにとって、良い環境というのは……？

それは、お子さんが自分らしく過ごせる場所です。そして、**お子さんの魅力を認め、それを伸ばしてくれるところこそ、お子さんにとって最も良い環境といえるのではないでしょうか？**　その視点がスッポリと抜け、目の前の数字だけに囚われてしまうと、これから大きく伸びていくはずの芽を摘んでしまうことになります。

受験生の6年生はこれから模試が続き、嫌というほど数字を突き付けられます。そんなときこそ、親は冷静な目を持って、「この子にとってベストな学校はどこだろう？」という視点を忘れずに、お子さんのサポートをしてあげてください。本当にいい学校というのは、偏差値や合格実績といった数字で測れるものではなく、そこに通うお子さん自身が感じることです。

子どもが弱気になっていたら……

6年生の9月から12月までは、毎月1回、合否判定模試があります。多くの受験生は夏休み中、毎日たくさん勉強してきたと思います。そんな姿を見て、「夏休み中、あんなに頑張ったのだから」と、9月の模試に親御さんの期待は高まります。

ところが残念なことに、9月の模試で成績を落としてしまう子が多いのです。夏休み中に大量の学習に追われ、乱雑に入った多量な知識をまとめ直す前に模試を受けることになるため、どうしても結果につながりにくいのです。

でも、ここでがっかりしないでください。**詰め込んだ知識をきちんと整理整頓する**ことで、徐々に成績は上がっていくことでしょう。

そのためには、子どもの自信を回復させなければなりません。「僕はもうダメかもしれない。どこにも受からないかもしれない……」と弱気になっているお子さんに、「大丈夫だよ！　今からの勉強が本番だよ！」と励ましてあげてください。特にお父さんから「さぁーて、そろそろ本気を出そうか。お父さんはお前が本当はもっとできることを知っているよ」と明るくいわれると、「そうか、僕の学力はこの程度じゃない。本当はもっとできるんだ！」と思えるようになり、「よし、そろそろ本気を出すか！」と気持ちを切り替え、前に進めるようになります。

そんなに単純？　と思われるかもしれませんが、騙されたと思ってやってみてください。意外と効果があります。

9月は夏の疲れが出やすく、また苦手分野の克服に充てる期間でもあり、どうしても気持ちが乗りにくい時期です。でも、ここでしっかり苦手と向き合うことで、10月から徐々に成績を上げていくことができます。**中学受験で最初から最後まで順調な子などいません。**途中に浮き沈みがあっても、最終的に入試本番にピークを持っていけたら、それで勝利です。9月に沈んだ成績を10月から徐々に上げ、本番にピークをもっていく。私はそれを**「合格の黄金曲線」**と呼んでいます。この曲線を頭に入れておき、「自分は今ここにいるんだな」と客観的に捉え、今やるべきことに集中する。そしてお父さんはどんな状態のときでも、「お前なら大丈夫！」とわが子の力を信じ、応援してあげてください。

自分の失敗を語れるお父さんになろう

中学受験に挑戦する子どもは、小学校のクラスでは成績優秀な子がほとんどです。ところが、中学受験の勉強になると、思うように成績が伸びず、自信をなくしてしまう子もいます。プライドがズタズタに傷つけられ、自暴自棄になることもあるかもしれません。

こうした状態のとき、子どもを救ってあげられるのは、お父さんです。お子さんは生まれて初めて挫折を味わい、苦しんでいます。大好きなお父さん、お母さんの期待に応えられない自分が悔しい。そう思っているかもしれません。

そんなときに効くのが、お父さんの失敗談です。

「実はお父さん、大学受験で失敗してね、浪人したんだよ」

「会社で失敗しちゃってね、同僚に遅れをとってしまったんだ」

など、どんな内容でも構いません。どんなに優秀なお父さんでも、長い人生一度や二度の失敗はあるはずです。そして、そのときにお父さんはどんな気持ちで過ごし、どうやって立ち直ったのかをお子さんに教えてあげてほしいのです。

親の失敗や挫折を子どもに隠す必要はありません。むしろ、子どもから見ると完璧と思うお父さんですら、失敗や挫折を経験していることを知ると、「そうか、お父さんでも失敗や挫折したことがあるんだな。つらいのは自分だけではないんだな」と思い、救われた気持ちになります。

失敗談は、お母さんよりお父さんがする方が効果的です。なぜなら、お子さんはお母さんがお父さんを信頼し、頼りにしていることを知っているからです。一家の中で最も信頼され、頼られているお父さんの言葉だからこそ、響く。小学生の子どもにとってお父さんはそれくらい大きな存在なのです。

リモートワークはお父さんの働く姿を見せる絶好の機会

新型コロナウイルスの影響で、私たちの暮らしは大きく変わりました。今も会社には出社せず、リモートワークをしているというお父さんもいらっしゃることでしょう。

リモートワークは、普段あまり家にいないお父さんが家族と過ごす時間が増えたという良さがあります。一方、そばにいることで、子どもの勉強に向かう姿勢であったり、勉強のつまずきだったりと、いつもなら気づかなかったことが見えてしまうことも。すると、「何ダラダラ勉強しているんだ!」「どうしてこんな問題が解けないんだ!」と厳しい言葉を投げてしまうのです。

でも、それはやめてください。小学生の子どもの生活の基本は遊びです。むしろ受験は特殊なことで、毎日何時間も勉強していること自体がすごいと、ほめてあげるべきなのです。子どもの勉強を見るのであれば、教科を教え込むのではなく、問題を一緒に考えてみたり、お子さんの悩みを聞いてあげたり、励ましたりするなど、お子さんに寄りそう気持ちがなければいけません。自分は感情をコントロールするのが難しい、黙ってはいられないという場合は、いっそのこと見ない方がいいと思います。家庭内の雰囲気が悪くなってしまうことの方が心配だからです。

では、お父さんは何をすればいい？

普段通り、仕事をしていてください。会社に行っているお父さんは、普段子どもに自分が働く姿を見せることができません。そのお父さんが、家にいるときとは違う表情で部内会議をしていたり、部下に指示を出していたりする姿は、子どもには新鮮に映るでしょう。「お父さんは僕の知らないところで、毎日こんなふうに頑張ってくれているんだ」とお父さんに対して好印象を持ったり、「私が中学受験できるのは、お父さんのおかげなんだ」と感謝の気持ちを感じるようになったりするかもしれません。

ただし、それにはお父さんの「真剣に打ち込む姿」が不可欠です。**頑張っているお父さんを見て、「よし、僕も頑張るぞ！」という気持ちにさせることができたら、大成功！** お父さんがあれこれいわなくても、子ども自身が頑張るようになります。

新型コロナウイルスは、中学受験にも大きな影響を与えています。いつもと違う受験に不安を感じる親御さんは少なくありませんが、普段見ることのできないお父さん、お母さんの働く姿が見られることは、子どもにとってはとても良い機会だと感じています。

中学受験がうまくいく父と子の「ほどよい距離感」とは？

私が代表を務める名門指導会では、リビングやダイニングのテーブルを使って、お子さんの隣に講師が座って指導するのが基本スタイルです。親御さんにプロの指導を見ていただくことで、家庭学習へ活かしてほしいと考えています。多くの場合、そこにいらっしゃるのはお母さんですが、近頃は子どもの受験に熱心なお父さんも増え、お父さんがいらっしゃることもあります。ただ、そういうお父さんは、ときに熱くなり過ぎることがあり、「お前、こんな問題も解けないのか？」「こんな問題、お父さんが小学生の時はスラスラと解けたぞ」など、しばしば子どもを傷つける言葉を投げてしまうものです。

しかし、ユウキくんのお父さんは違いました。算数の問題を解くときは、「よーし、オレと勝負だ！」と、その場を盛り上げます。

実は、ユウキくんのお父さんは数学が得意。でも、中学受験では基本的に方程式を使うことはタブーと分かっているので、使うのはれっきとした算数の手法です。ああでもないこうでもないと、お父さん自らが試行錯誤する姿を見ることで、算数のおもしろさをお父さんが存分に感じていることが、こちらにも伝わってきます。お母さんは、そんな二人をニコニコしながら見守っていました。

ユウキくんが通っていた塾は、地元に2教室展開している小規模な中学受験専門塾でした。その塾をひと言で表現するならば、〝昭和の塾〟。塾長がとても熱く個性的で、自分が「こうだ！」と思ったことを貫く人でした。生徒に対しても親に対しても、お客様扱いは一切せず、自分のやり方を通します。たとえば、国語は5年生で麻布中や武蔵中などの名門校の過去問にじっくりと取り組み、受験国語を存分に堪能します。「時間は気にしなくていいから」と、独自の授業を行っていました。

こうしたやり方を支持する家庭が多い一方で、5年生の後期に大手塾に転塾をする家庭もありました。ユウキくんの家は、基本的にはこの塾に信頼を置いていました。しかしながら、6年生になってから担当となった若い先生の指導がもう一歩だったようで、算数の指導だけ私に声がかかりました。

ひとりっ子のユウキくんは、自由気ままな男の子。やや幼いところもあり、勉強のやる気にもムラがあります。そんなユウキくんを見て、お父さんは「まったくしょうがないなぁ～」といいつつも、余裕を持って構えていました。

ところが、ある日、お父さんの雷が落ちました。実はユウキくん、6年生の夏期講習で二度にわたり塾から脱走したのです。1回目は、授業の後、問題が解けるまで居残りというのが嫌で脱走。2回目は、入試演習を男女別に取り組むことになったのですが、算数の苦手なユウキくんは一人だけ女子の方に振り分けられました。そこまではガマンできたのですが、問題用紙に女子校の名前が書かれているのを見て、「なんでオレが女子校の問題なんか解かなきゃいけないんだよ！」と頭に来たユウキくんは、問題用紙をビリビリに破って脱走してしまったのです。

このとき、お父さんはユウキくんを強く叱りました。けれども、叱る前にユウキくんのいい分もしっかり聞いてあげたのです。

「お前が悔しいと思った気持ちは分かる。でも、問題用紙をビリビリに破り、授業を抜け出したお前の行動に正当性はないよ」

そして、親子で塾に謝りに行きました。このような状況のとき、たいていの親御さんは、子どものいい分をあまり聞かずに叱りつけるでしょう。または、そんな事態を招いた塾側にクレームをつける親御さんもいるかもしれません。しかし、ユウキくんのお父さんは、**まず子どものいい分を聞き、それから親としてすべき行動をとった**。このとき、私は「このお父さんはすごいなぁ〜」と改めて思ったのです。

子どもの受験を自身の人生から切り離すことができず、まるで自らの人生を挽回するチャンスとばかりに、子どもの受験に無邪気に夢中になるお父さんがいます。しかし、親と子どもは別の人格です。また、お父さんができたと思い込んでいることは、年月とともに自分の中で美化・誇大化されている場合もある。つまり、目の前の子どもには当てはまらないことが多いというわけです。

ユウキくんのお父さんは、そのことを十分に理解していました。

父「あいつ、やる気ないなぁ〜」

私「小学生の男の子なんてそんなものですよ。11月頃になったら目を覚ましますよ」

父「ははは、そうだといいんですけどね」

私たちは、よくこんな会話をしていました。

ユウキくんのお父さんがよく口にしていたのは、**「どこかに合格できれば、すべて成功」**。頑張ったことに対して成果はほしいけれど、なにがなんでも最難関校にこだわる必要はない。経験がすべて成長の糧になる。受験勉強そのものが、ユウキくんの人生において財産になるという考えでした。

そんなお父さんに見守られ、ユウキくんは第一志望の難関校に合格。父と子のいい塩梅の距離感を実感した1年間でした。

すぐに得点が上がる、実戦的受験ノウハウ

直前期は得意科目で自信を持たせる

直前期は子どものできないところが気になるものです。毎年、この時期になると、「過去問は何年分解かなければいけないのでしょうか?」といった細かな質問や相談があります。こういう質問をしてくるのは、たいていお母さんです。

中学受験において算数は、得点の差がつく重要科目です。そこで多くの親御さんは、いかにして算数で点を上げるかに力が入りがちです。特に算数入試では必ず出題される「速さ」は苦手という子も多く、これをなんとか克服させようと必死です。

子どもが「速さ」が苦手という場合、多くのお母さんは基礎である速さの3公式を見直しさせようとします。一方、子どもの受験勉強に携わってきたお父さんは、「この子は速さのダイヤグラムがまだできていないな」「面積図も怪しいな」とできていないところが気になり、「じゃあ、この問題も解けるようにしておかないとダメだな」「あれもやっておいたほうがいいだろう」と、どんどん広げていこうとします。

しかし、基礎を一から見直すことも、できないことを強化することも、この時期はおすすめしません。苦手科目（または単元）の克服は11月までと割り切って、深掘りしないことです。**もし苦手な分野の大問が出たら、小問1だけ解いて、さっさと次の大問に進めばいい**といってあげましょう。

大事なのは、自信を持たせてあげることです。苦手科目を何度もやらせ、「やっぱり分からない」「何度やっても自信が持てない」と不安な気持ちにさせるのではなく、子どもの得意な科目をどんどんやらせ、「これはもう完璧だね！」「これが解けるなんてたいしたもんだね」と前向きな声かけをし、気持ちよく勉強をさせることがポイントです。

小学生の子どもが挑む中学受験は、当日の心身のコンディションの良し悪しが大きな割合を占めます。**合格者の下3分の1は、たまたまその日のコンディションが良かっただけ**。

最上位での合格を目指す必要はありません。パーフェクトを目指して、量を増やしてし過ぎると、日々の学習がアタフタし確実にミスが増えます。1日が終わったときに、「その日の予定していた学習を完璧にやり切った」という爽快感が持てる量に限定してあげてください。

受験校は「安全」と「チャレンジ」の2パターン用意する

1月に入ると、いよいよ埼玉と千葉の学校の入試が始まります。東京、神奈川の受験生は、2月1日〜3日の本番を前に、〝肩慣らし受験〟として1〜2校受験するのが一般的です。以前は、「行かない学校の試験など受ける必要がない！」と、肩慣らし受験に反対のお父さんもいましたが、最近は塾の説明会に参加するお父さんも増え、肩慣らしの必要性を理解するようになったと感じています。

首都圏の多くの受験生にとっての本番は2月1日です。近頃はできるだけ早く合格を手に入れたいと、1日は午前に本命校、午後に他の学校を受験する人が増えています。本命に合格できれば、その時点で中学受験は終了です。しかし、そういう子は、入試倍率を考えると受験生全体の3割に過ぎません。現実としては、多くの子が第二志望校、第三志望校へと進学します。

そこで重要になるのが、「もしかすると通うかもしれない併願校」の選択です。**受験校は「安全」と「チャレンジ」の2パターン用意しておくことをおすすめします。**

一つは2月1日に第一志望校、または現時点で進学する可能性が高いと思われる第二志望校に合格している場合です。1日午前に受けた第一志望校に合格していれば、そこでめでたく受験終了となりますが、1日午前の本命は不合格だったけれど、午後の第二志望、または第三志望校で合格を手に入れた場合は、すでに〝安心〟を手に入れているのですから、2日目、3日目は第一志望校の2回目、3回目入試に再チャレンジできるように事前に出願しておくのです。

一方、1日午前、午後の二つの入試で不合格だった場合を考えて、その後の出願校は慎重に設定しておく必要があります。思い切って出願校の偏差値レベルを大きく下げて、ここで合格を勝ち取っておいて、再度3回目の試験に挑戦することもできます。受験校の偏差値は15くらい幅を持つといいでしょう。たとえば本命校の偏差値が55なら、チャレンジ校は偏差値60、安全校は偏差値45まで検討しておくのです。

学校は偏差値だけで選ぶものではありません。**お子さんが10代の大事な6年間をどの環**

境で過ごすのがベストかに目を向けるべきです。「うちは○○中がダメだったら、公立中に通う」と親子で話し合い、子どもも納得しているのであればいいのですが、お父さんのプライドだけで受験校を決めてしまうことのないようにしてください。ここをしっかり話し合わず、強気な受験をしてしまうと、不本意な結果になったときに傷つくのは子どもです。「頑張っても報われない」という思いが残ると、中学生になってから勉強に対する意欲を高めにくくなってしまいます。

直前期　不安なお母さんを安心させるのがお父さんの役目

直前期の勉強は、受験校の過去問を解くことが中心になります。過去の問題とはいえ、自分が受験する学校の入試でどれだけの点数がとれるのか、それがその年の合格ラインに達しているのかいないのかという現実を突きつけられると、「このままでは合格できないかもしれない……」と不安な気持ちになることでしょう。特にこれまでお子さんの受験サポートをしてきたお母さんは、心配でたまらないはずです。

ところが、当の子どもは、まだ〝自分ごと〟と捉えることができず、この時点に及んでもマイペースで勉強をし、必死さを感じられないことがあります。特に男の子は、そういう傾向があります。そんな姿を見て、普段あまり子どもの受験に関わってこなかったお父さんが、「こんな勉強じゃあ、合格できないぞ!」と発破をかけることがありますが、これはハッキリいって逆効果です。

経験豊富な大人と違って、子どもはまだ時間の感覚つかむのが未熟で、先を見通す力が身についていません。大人の感覚からすると「あと2カ月しかない!」という焦りも、子どもにはピンと来ないのです。でも、「こんな勉強じゃあ、合格できないぞ!」という言葉には敏感に反応します。どんな子でもやはり不合格にはなりたくないからです。「合格できないような勉強を続けたボクは合格できないかも……」と思い始め、それが「今さら勉強をしても……」という気持ちを生じさせてしまいます。ですから、直前期はこのようなネガティブな言葉は渡さないようにしてください。

お父さんからすると「おいおい、こんな調子で大丈夫か?」と思っても、子どもの前では、役者になりきって「お前なら大丈夫だ」と明るく声をかけてあげてください。そして、「今さら勉強しても……」という気持ちを強く打ち消すように明るく「さぁ、今から本気を出そうか!」といってあげてください。

不安でいっぱいなお母さんにも、「あの子なら大丈夫だろう」といってあげられるといいですね。**お母さんの不安を取り除いてあげられるのはお父さんしかいません**。

「安全」「チャレンジ」と受験校をしっかり考え、万全の準備をした。でも、やっぱり入試当日は、どんな子も大なり小なり不安や緊張はあります。そんなときこそ、お父さんの出番です。

「お父さんはお前が本番に強いことを知っているからなー。だから、大丈夫！」と不安を取り除く声をかけてあげましょう。男の子の場合は、それだけで効果があります。根拠なんてなくていいのです。とにかく「大丈夫！」といってあげましょう。

ところが、女の子の場合は、こうした乱暴ないい方は、かえって苛立たせることがあります。特にこれまであまり受験勉強に携わって来なかったお父さんが、当日だけ励ましの言葉をかけても響きません。また、心配でしょうがないお母さんからは「何を無責任な！」と反感を買うこともあります。**娘には「いつも通り、落ち着いて頑張っておいで」くらいの声かけでいいでしょう**。

それよりも、不安な気持ちでいるお母さんにねぎらいの言葉をかけてあげることが大切です。「今まで、本当に頑張ってくれてありがとう。最後はあの子の力を信じようね」といってあげるのです。そうやってお母さんの不安を取り除き、お母さんを笑顔に変えてあげると、子どもは安心します。この安心感が中学受験には不可欠なのです。

「合格してえらい！」は子どもを勘違いさせるNGワード

小学校生活の半分を受験勉強に費やしたことを考えると、なんとか第一志望校に合格してほしいと親が願うのは自然なこと。しかし、親が合否にこだわりすぎると、子どものその後の中学生活に影響が出てしまいかねません。

中学受験の最終目標は、志望校に合格することです。ですから、第一志望校に合格できれば、これほどうれしいことはありません。特に偏差値の高い難関校に合格できれば、まわりにも顔向けできるし、将来、難関大学へ進むチャンスを高めることができます。

そこでついお父さんは「合格してえらい」といってしまいがちです。確かに難関校に合格できたことはすごいことではあるのですが、ほめるポイントが「合格」になると、「不合格の子はダメな子なんだ」という解釈を子どもがしてしまう恐れがあります。そして、「俺は頭がいいんだ」と天狗になり、上から目線になったり、努力を怠ったりするようになります。

私はこれまでそういう子をたくさん見てきました。そして、残念なことにそういう子ほど中高で伸び悩んでしまいました。

子どもの合格を喜ぶのであれば、「合格した結果」ではなく、これまでの「努力の過程」に目を向け、そこをほめてあげましょう。

「6年生になってからのお前の頑張りは本当にすごかったな。お父さん、感心したよ」

「大好きなゲームをガマンして、よくがんばったな。やりたくないテスト直しも逃げずにちゃんとやってえらかったな」

こういう言葉をかけてあげると、子どもは自分の頑張りを認められたと感じ、うれしい気持ちになります。そして、「頑張れば結果につながる」ことを学ぶのです。

中学受験で第一志望校に合格し進学する子は、全体の約3割程度といわれています。それ以外の子は、第二志望、または第三志望校へ進学します。なかには受験したすべての学校が不合格で、地元の公立中学に進む子もいます。

受験には必ず合否があります。不合格になるのは、親にとっても、子どもにとってもつらいことです。ところが、現実を直視せずいいわけをする親がいます。特にプライドが高いお父さんに、その傾向があるように感じます。そういう親を持つ子どもも見栄っ張りで、現実を認めたがりません。

御三家の滑り止めとして受験する上位男子校では、入学当初に必ず話題に上がるのが「御三家のどこを受けたか」です。そういう話題を持ち出す子は、「俺は本当は開成なんて受けたくなかったんだけど、塾が受けろっていうから受けただけ」「入試のときにお腹を壊しちゃってさ~」などといいわけを並べます。そういう子は「俺は本当は御三家に行けるだけの学力レベルだったんだ。こんな学校でやっていられるか」と、その学校に通う生徒を見下します。すると、友達関係がうまくいかなくなったり、努力をすることを怠って成績が下がったりして、中学生活が楽しめなくなってしまうことがあります。

一方で、そこを第一志望として受験し、入学してくる子もいます。そういう子は、自分の行きたい学校に合格できたという喜びが学習意欲を高めます。入学時点での学力差は学習意欲を持って努力を続ければ、1年もすればなくなります。それがまた学習意欲を高めるという好循環を生みます。

絶対に受かると思っていた学校が不合格になってしまうとショックですが、結果は結果とまずは現実を認め、「合格できなかったことは残念だったけれど、お前の未来はこれで決まってしまうわけではない。本当に大事なのはこれからだよ!」と声をかけてあげましょう。それを伝えられるのは、現実社会をよく知るお父さんだからこそできることだと思います。

補欠・全落ちは長い目で見れば逆転のチャンス

中学受験では、補欠合格で進学する子もいます。多くの学校では、2月初めに入学者が決まり、10日頃に入学説明会や制服採寸があります。この頃には入学の意志が固まっていると思いますが、中にはそれ以降に補欠合格の知らせを受けることがあります。

補欠合格というと、合格レベルに達していなかったと思ってしまいがちですが、多くの子はボーダーラインで合格しています。その差はわずか1～2点。ですから、補欠合格で進学したからといって、下を向く必要はありません。むしろ、補欠合格をして進学した子は、自分はギリギリで合格したと自覚しているので、入学後も努力を忘れずに勉強に励みます。その結果、大学受験で第一志望校の難関大学に進学する子がたくさんいます。

また、受験した学校がすべて不合格で、地元の中学に通う子もいます。多くの家庭では、全落ちを避けるために、受験校は偏差値の幅を広く持つようにしていますが、中には「○○中か○○中に合格できなければ、地元の中学でもいい」と決めている家庭もあります。このように家庭の方針がはっきりしていればいいのですが、それでも全落ちをすると子どもは少なからずショックを受けます。中には勉強に対するやる気が失せ、無気力になってしまうこともあります。

結果は結果として受け止め、まずはこれまでの努力を認め、ねぎらってあげてください。その上で、高校受験でリベンジできるように気持ちを高めてあげましょう。

中学受験では満点をとって合格する子はほとんどいません。6～7割できていれば、合格できます。しかし、高校受験で公立トップ校を狙うのであれば、100点を目指さなければいけません。中学受験の勉強をしてきた子にとっては、公立中学1年生の勉強は簡単に感じるでしょう。けれど、やさしい内容でも丁寧に取り組む意識をさせましょう。

たとえば中学受験の算数なら途中式を書かなくても答えを出せることがあります。しかし数学はきちんと式を書き、論理的に説明することが求められます。それを面倒くさがらず、丁寧に取り組むクセをつけると、高校受験で良い結果を出すことができます。実際、私の教え子でも、高校受験や大学受験でリベンジを果たした子はたくさんいます。

中学で良いスタートが切れるよう準備しよう

中学受験が終わったら、結果はどうであれ、まずは思いっきり遊ばせてあげましょう。でも、2週間もすると、遊ぶだけの生活にも飽きてきます。そのタイミングで、中学で好スタートを切れるよう準備を始めましょう。

ガツガツ勉強をする必要はありません。数学なら中1の教科書の半分くらいに目を通しておきます。中学受験をしてきた子であれば、それほど難しい内容ではありませんが、「なぜそうなるのか」を意識して理解するようにします。

英語は中学から本格的にスタートする教科です。最初の一歩が大事になりますので、今のうちに英語に慣れておきましょう。NHKの基礎英語講座は4月からスタートしますが、それを待たずにバックナンバーのCDを購入し進めておくのです。そうやってほんの少し先へ進んでおくと、アドバンテージになります。

中学生になると、これまで以上にまわりと自分を比べるようになり、中1最初の定期テストの成績が悪いと自己肯定感が下がってしまいがちです。自己肯定感は学習意欲に直結してきます。スタート時点から気持ちを改めて、努力を惜しまず上を目指す。そこで良い結果を出すことができれば、「俺はこの学校でこのくらいのレベルなんだな」と自己認識し、「よし、この調子でがんばるぞ！」とやる気を維持していくことができます。

そのためにも、中学受験が終わったら一度気持ちをリセットさせ、「今までよくがんばってきたな。でも、**中学受験はゴールではないぞ。いいか、勉強が本当に楽しくなるのはこれからなんだぞ！**」と学ぶ楽しさを教えてあげてください。

難関校ほど、自主性を大事にする

中学受験の目標は志望校に合格することですが、その結果が人生のゴールというわけではありません。まずはどんな結果であっても、「今まで本当によく頑張った！」と、これまでの努力をほめてあげてほしいと思います。第一志望校に合格した子も、そうでなかった子も、4月から新しい生活が始まります。中学生活に希望や期待感を持って進んでいけるような声かけをお願いしたいのです。

中学受験は子どもがまだ小学生で幼いため、親のサポートが必要でした。近年の中学受験は、学習量の多さ、内容の難しさともに、普通の小学生が自力でやっていけるものではありません。そのため、どうしても親の関わりが必要になります。宿題の確認、丸付け、テスト直しといった日常の勉強から、志望校の選択まで、多くは親が主導で進めていくことになります。その結果、多くの子どもたちが学習のスケジューリングを学ばずに中学に進むことになります。しかし、いつまでもそのやり方でやっていると、子どもは自分で伸びていくことができません。

入試が終わり、中学の入学式までの2カ月間がスケジューリングを学ぶ大切なチャンスです。

中学に入学すると、よほど面倒見の良さをうたう学校以外は、あれこれ指示を出しません。特に歴史あるほとんどの難関校は自主性を大事にするので、先生からあれをやりなさい、これをやりなさいといわれることはほとんどありません。自分で考えて、計画を立てながら勉強を進めていくことが期待されているのです。

ところが、小学生時代に受け身で勉強をしてきた子どもは、大人から指示がないと何をしていいのか分かりません。勉強のやり方が分からないまま授業を聞き、定期試験を受け……を続けているうちに、いつの間にか成績が下がってしまうことはめずらしくありません。そこで、「このままではいけない」と自分で気づき、修正できればいいのですが、自分で勉強のやり方を工夫するという練習をしてこなかった子どもには、何をどうしていいのか分かりません。手をこまねいているうちに学校の授業自体が理解できなくなってしまうことすらあるのです。すると学校生活自体も楽しめなくなってしまいます。中学受験で頑張って第一志望校に合格したのに、入学後、学校の勉強がついていけずドロップアウトしてしまう子は、どこの学校でも毎年います。

中学生になったら、自分で考え、計画的に勉強を進めていかなければなりません。今までは親が決めた計画に沿って、受験勉強をしてきました。でも、これからは自分で決めていかなければならないのです。

そういうと、「では、もう一切口を出さない方がいいのだな」と思う親御さんがいます。でも、いきなり手を離すのはよくありません。親がアドバイスをしながら、子どもがスケジュールを作り、やってみて、その結果を振り返り……をしばらく続ける必要があります。それが、受験終了後からの半年間です。中学生になったら、これまでのようにつきっきりで勉強を見る必要はありません。まずは子ども自身にやらせてみましょう。そこで困っているようなら、何に困っているか聞いてあげてください。

中学受験後も子どもを伸ばすお父さんの関わり方

たとえば、定期テストの勉強のやり方が分からないなら、「お父さんが中学生のときは、英単語はこんなふうに覚えていたよ」と教えてあげるといいでしょう。

ここでポイントとなるのは、勉強のスケジューリングには、「いつ」「何を」「どのように」という三つの要素が大切だということをそれとなく伝えることです。でも、押しつけにならないように注意してください。それを参考にするか、しないかは子ども次第。そうやって、少しずつ自分で考えて行動するように背中を押してあげましょう。

中学校に入学すると、最初にあるのが1学期の中間試験です。授業が始まって間もなく実施されるため、それほど難しい問題は出ません。中学受験が終わった解放感から、あまり勉強をしなかったとしても、中学受験で蓄えた学力の貯蓄で高得点をとってしまう子もいます。すると、「なんだ、中学の勉強なんてこの程度か」と甘く見て、努力をしなくなります。しかし、2学期の定期テストになると、新しい内容がどんどん入って来るので、日ごろから家で勉強をしていないと、ガクッと成績が落ちてしまうのです。

また、自分なりに勉強をしてきたけれど、成績が伸び悩んでしまう子もいます。そういう場合、今の勉強のやり方が間違っていることが考えられます。

たとえば算数から数学へ変わったところの理解ができていなかったり、英語の単語の覚え方が分からなかったりと、何かしらの原因が考えられます。そういうときは、親御さんも一緒になって考えてあげましょう。特に数学や、英語のように中学から本格的に始まる教科については、はじめの段階で苦手にしないことが大事です。

いきなりひどい成績をとってきて、慌てて塾に入れてしまう親御さんは少なくありませんが、**中1の段階で塾に入れてしまうのは、あまりおすすめしません**。なぜなら、この痛い経験が、自ら立て直す力をつける絶好のチャンスだからです。

中学の最初で思うような成績が取れないと焦ったり、投げやりになったりしてしまいがちですが、そういうときこそ、どのようにすればうまくいくのかを考えさせましょう。自分で気づけば一番いいのですが、分からなければ親御さんも一緒になって考えてあげてください。そうやって、自分で修正できるようになると、成績は上がっていきます。

中学受験では親のサポートが必要でしたが、大学受験は自分の力だけで挑戦しなければなりません。そのためには、中学生になったら少しずつ自分で考え、試行錯誤しながら自ら伸ばしていく経験を積ませてあげましょう。中学受験では、多くの親御さんは伴走者だったと思いますが、これからは少し距離を置いて、見守るスタンスに変えていくのです。

相談ごとから見えるコト④

「すぐ忘れてしまうんです」

学年を問わず、勉強の相談で多いのが、「うちの子、すぐ忘れてしまうんです」というもの。特にお母さんからの相談が多いですね。こういう相談を受けると、「勉強は暗記でなんとかなるもの」と思い込んでいる親御さんがいかに多いかを感じます。

でも、これは忘れることが問題なのではなく、忘れるような理解をしていることが問題なのです。

忘れないためには、「ちゃんと納得して覚える」「文脈の中で覚える」「カテゴリー分けの中の一部として覚える」といったように、広い部分の中の一部を意識しながら理解し、知識を定着させます。そうでないと、すぐに忘れてしまうでしょう。

「うちの子、算数の解き方をすぐ忘れるんです」というケースは一番重症だと思います。解き方そのものを丸暗記していることが原因だからです。

ところが、残念なことに塾でも力量のない先生は「この問題はつるかめ算だから、こう解くんだぞ」という説明をしてしまうのです。だから、子どもも「なぜそうなるのか？」を考えずに、塾の先生にいわれるまま解き方だけを覚えようとしてしまうのです。

4年生であればそれでも正解できるでしょう。しかし、5年生になって発展的な問題になると、ただ公式に当てはめるだけでは正解を出すことができなくなります。実際の入試になると、「この問題はつるかめ算で解けば正解が出るかもしれない」「面積図を使えば解けそうな気がする」といったように、解き方を見つけることが最も重要になります。

ですから、家で勉強をするときは、「この問題は何を書けば解けそうな気がする？」と常に自問自答する習慣をつけておくことが大事です。お子さんが丸暗記になっていそうだったら、「どうしてこの式で解くの？」「どうしてこれは線分図を使うの？」と聞いてみてください。そのときに、きちんと理由が言えたら、理解できている証拠。「だって、先生がこうやれっていったんだもん」というようなら、丸暗記になっているかもしれません。

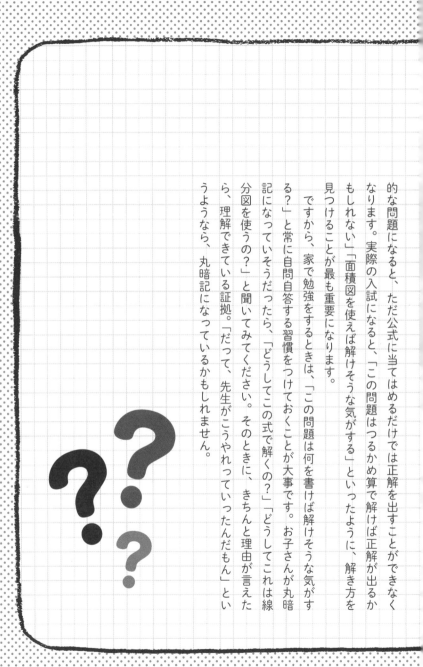

幼少期の「下地づくり」④

わが子の力を信じる親になる

中

学受験に成功するか否かは、子どもの自己肯定感の高さが大きく影響します。自分の存在を肯定的に捉えられる子は、入試に向かう勉強の中で、「僕だったら、頑張れば何とかなるんじゃないか」と思い続けることができる。

では、その根拠のない自信はどこから生まれるのかといえば、やはり幼いときからの親の関わりが大きいのです。

子どもは「親の役に立っている」「自分のちょっとした行動が親を喜ばせる」という経験を通じて、自分の存在を肯定的に捉えることができるようになります。ということは、小さい子どもであっても、家のお手伝いをしてもらうことは良さそうですね。子どもがお手伝いをしてくれたら、「ありがとう！」と感謝の気持ちを伝えましょう。

ただ、親が何かをやってねと頼んだときに、初めからうまくできる子はあまりいません。たとえば、ドアポケットから新聞を持って来るという仕事を与えたとします。幼い子どもはおそらく何も考えずに出ているところを手で持ってグイッと引っ張ります。新聞はビリビリ……。お父さん、お母さんを喜ばせようと思ってやったのに、大失敗。気持ちは凹みます。そんなとき、親はつい怒ってしまいがちですが、そこはグッとガマンです。

「あらあら、破けちゃったね。じゃあ、どうすればよかったと思う？」と聞いてあげてください。すると、子どもは自分なりに考えます。「あ、扉をちょっと手で押して、すき間を作ってから抜けばいいんだ！」と、自分なりに学習をします。そうやって、子ども自身に気づかせることが大事なのです。ところが、多くの親御さんは、きっと失敗してしまうだろうからと、子どもの行動を見ながら「そのまま引っ張ったら、新聞が破れちゃうからね」と細かく指示を出してしまうのです。子どもは失敗をせずに済みますが、自分から気づくことはありません。私は子どもにはたくさんの失敗をさせた方がいいと思っています。でも、そのときに「あなたはダメね」「またやった」と子どもを否定する言葉を投げてしまうと、子どもの自信は育ちません。子どもの自己肯定感は、親の信頼がなければ育むことはできません。親がこと細かく指示を出すのではなく、「この子なら大丈夫！」と子ども自身の力を信じてあげる。その絶対的な信頼感がなければ、子どもは挑戦することができないのです。

小学生の子どもにとって、中学受験は人生で初めての大きな挑戦になります。3年間という長い受験期間では、ときにうまくいかないこともあるでしょう。そんなときに生きてくるのが、幼い頃から培われてきた親子の信頼感です。「この子なら大丈夫！」「僕ならきっとできる！」、そう思えれば、どんな困難も乗り越えていけるでしょう。

はぁー
エピローグ
20××年　春
どうした？翔太
いや
あともうちょっとで本番なのにやることがありすぎてどこから手をつけたらいいのかわかんない
それにこないだの模試の判定もあんまり良くなかったから合格できるか不安なんだ……

大丈夫！今まできたじゃないか頑張って
お父さん…
6年生になってからの頑張りはさらにすごくて感心したぞ
だから自信を持て！
ありがとう！お父さん！

よし！
あともうちょっと
頑張るぞー
10月
11月
12月
1月
いろいろあったが
翔太は結局
最初の志望校
○○中を受ける
ことにした
そして
受験当日――

じゃじゃあ…
ポンッ
これまでよく頑張ったお父さんはお前のことを信じてる
後は力を出し切ってこいがんばれ！
うん！

行ってきます！
合格できなくてもいい
頑張ったことがあいつの財産になる
ギュッ
あいつを信じよう

春――
お父さん　お母さん
はやく～
○○○○
入学式
○○中学校
翔太は無事に
第一志望の
○○中に
合格した

おわりに

２０２０年、私たちの暮らしは大きく変わりました。朝起きて、当たり前に行っていた会社に行かなくなり、家で仕事をすることになるなんて誰が想像できたでしょう。ＡＩの進化やグローバル化など、私たちの暮らしがじわりじわりと変わっていくことは感じられても、ここまでがらりと変わる事態に直面するとは思っていなかったでしょう。

教育とは社会の影響を受けて変化していくものです。現に小・中・高校では、これからの時代を生きていくために必要な力を育む教育にシフトチェンジし、大学入試の中身も変わろうとしています。私立校にとって大学進学実績はとても重要ですので、思考力や記述力といった新しい大学入試で求められる力の素地を持った子が、求められるようになります。

一方で変わらないものもあります。それは子どもの特徴です。今の子どもは、ませている、粘り強さがない、など大人の感想はいろいろありますが、私はどんな時代でも基本的に子どもの特徴というものは大きく変わらないと思っています。子どもは自分が楽しい！　と思ったことはとことん熱中します。勉強だって同じ、楽しいと思えれば自分からどんどんやるのです。なかなか机に向かおうとしないのは、お父さんやお母さんから勉強のことで嫌なことをいわれたり、人と比べられたりして、何かしらマイナスのイメージを持ってしまっているからです。

人生経験がまだ浅い子どもは、遠くの大きな目標に向かって頑張ることができません。3年後の入試に向けて頑張れ！　といわれても、目の前に楽しいことがあればそっちに気が向いてしまうものなのです。でも、ほんの少しでも頑張れば、ちゃんと認めてもらえたりほめてもらえるとしたら。私はこの「少しの努力でも見逃さず認める」家庭環境がとても大事だと考えています。

思い出してみてください。お父さん、お母さんが小学生だった頃、こんなにたくさん勉強をしていましたか？　こんなに難しい問題を解いていましたか？　小学生がそれらに挑戦し続けていることだけでも、私はスゴイことだと思っています。ですから毎日、なにか一つでもお子さんをほめたり、いたわったりする言葉をかけてあげてほしいのです。

そのときに大事なのは「自分がこの歳の子どもだったらどうだろう？」と想像力を働かせることです。子どもの頃に、親にいわれてうれしかったことや、いやだったことを思い出してほしいのです。自分自身を振り返る作業をすることで、自分もわが子も客観視できるようになります。客観視できるようになると気持ちが安定し、感情をぶつけ合うことが少なくなります。中学受験に必要なのは、この家庭の安定感なのです。

合格を目指す過程で、どんな親子の時間を過ごしたか、私はそのほうが大事だと思っています。親子にとって幸せな中学受験。本書がそれを考えるきっかけになることを願っています。

著者

西村則康（にしむら のりやす）

プロ家庭教師集団「名門指導会」代表。40年以上、難関中学・高校受験指導一筋のカリスマ家庭教師として、最難関校に2500人以上を合格させてきた抜群の実績をもつ。暗記や作業だけの無味乾燥な受験学習では効果が上がらないという信念から、「なぜ」「だからどうなる」という思考の本質に最短で入り込む授業を実践。また受験を通じて親子の絆を強くするためのコミュニケーション術もアドバイスする。日本初の「塾ソムリエ」としても活躍中で、運営する中学受験情報サイト「かしこい塾の使い方」は16万人のお母さんが参考に。ベストセラーの『中学受験は親が9割』（青春出版社）をはじめ著書多数。

高野健一（たかの けんいち）

名門指導会教務主任。「かしこい塾の使い方」主任相談員。東京大学理学部数学科在学中から受験数学の指導に携わり、効果的な学習法を研究。問題の解法を一方的に教えるのではなく、答案やノートから生徒の思考を読み取ったうえで、そこに立脚した指導を行う。中学受験だけでなく大学受験にも精通し、一人ひとりの子どもの一歩先を見据えながらの指導に、ますます家庭の信頼が高まっている。

※各受験塾への評価は、著者個人の見解によるものです。

中学受験！

合格する子のお父さん・受からない子のお父さん

2021年2月20日　初版第1刷発行

著者	西村則康、高野健一
編集協力	石渡真由美
まんが編集	株式会社サイドランチ
まんが	おしるこデザインファクトリー
発行者	江尻　良
発行所	株式会社ウェッジ 〒101-0052 東京都千代田区神田小川町１丁目３番１号ＮＢＦ小川町ビル３階 電話03-5280-0526　　ＦＡＸ03-5217-2661 https://www.wedge.co.jp/
振替	00160-2-410636
装丁・組版	伊藤礼二
印刷製本	株式会社 暁印刷

ISBN 978-4-86310-234-7 C0037